LA GENEREVSE ALLEMANDE,

OV

LE TRIOMPHE D'AMOVR.

TRAGI-COMEDIE,

MISE EN DEVX IOVRNEES.

Par

LE SIEVR MARESCHAL.

*Où sous Noms empruntez, & parmy d'a-
greables & diuerses feintes est representée
l'Histoire de feu Monsieur &
Madame de Circy.*

SECONDE IOVRNEE.

A
A PARIS,
Chez PIERRE ROCOLET, au Palais, en la
Gallerie des Prisonniers, aux Armes de la Ville.

M. DC. XXXI.
AVEC PRIVILEGE DV ROY.

LA GENEREVSE ALLEMANDE

OU

L'HEUREUX AMOUR

COMEDIE

EN CINQ IOURNEES

DE SILVIANO DESCHALT.

Representée par... Sr. primo... la... Compagnie des Comediens entretenus par Madame la Duchesse de...

IOURNEE PREMIERE

A PARIS,
Chez... Ducastin, au Palais, en la... Galerie... suivant... la Cour de la Ste Ch...

M. DC. XXXI.
AVEC PRIVILEGE DV ROY.

A MONSIEVR
MONSIEVR DE LAVNAY.

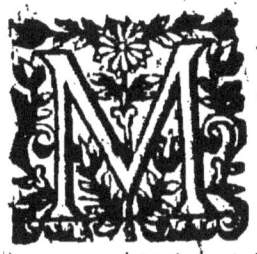ONSIEVR,

Ie vous paye en partie, ce que ie commenceay à vous deuoir, dés le iour mesme que i'eus cét honneur d'entrer en vostre connoissance; & vous presente icy le premier fruict de tant de vœux, dont i'ay forcé la sterilité plustost que l'ingratitude. Ouy, Monsievr, il est vray, & ie donne ce mot à vostre satisfaction aussi bien qu'à ma honte, que depuis quelques mois vostre amitié a souffert courageusement les importunitez & les persecutions de la mienne, qui m'a forcé à vous donner plus de peine en

† ij

EPISTRE.

amy, pour vouloir trop vous obliger, & ne le pouuoit pas, que ne vous en feroit vn ennemy. Comme vous estes doux, facil, officieux pour tout le monde, & obligeant en mon endroit iusques à la profusion, ie suis témoin aussi de la plus belle patience qui puisse honorer & faire estimer vn supplice volontaire, moy, qui vous ay fait cent fois mon Martyr en vous aymant, & qui puis prendre vanité d'estre le seul qu'on a fait aueugle à son auantage. C'est vn aueuglement qui reüssit au bien de celuy qui l'endure, & qui vous en r'enuoye toute l'incommodité, à vous qui le causez, & qui ne vous pouuez empêcher de faire du bien, quelque mal qui vous en auienne. Vous estes si parfait & genereux en vos affections, & si entier en vos vertus, que depuis ce moment que vous m'auez absolument acquis, vous n'auez pas osé entendre la voix de mon cœur, qui vous parloit de vos merites, & de mon admiration à leur suiet; ni vous arrester au seruice que i'estois honteux de ne pouuoir vous rendre, & pour lequel ie vous faisois des plaintes, de peur d'y regarder vostre interest.

EPISTRE.

Ainsi tout ce qui pouuoit faire à ma décharge vous chargeoit, & estoit mesme ce qui vous offenceoit plus ; par où vous auez témoigné que la Vertu & vostre amitié ne sont qu'vne chose, qu'elles ont également leur fondement noble; que comme celle-là ne peut estre reduitte à l'emprunt du dehors, & n'a point de plus belle recompense que soy-mesme, celle cy ne fait iamais du bien pour en receuoir. Enfin aprés auoir bien recerché les moyens de n'estre pas inutil à vostre gloire, puis que ie l'estois si fort à vostre amitié, voicy le lieu seul où i'ay pû accorder mon affection auecque vos merites. Quiconque me croira, s'il nous connoist bien l'vn & l'autre, iugera que c'est vn honneur que ie receoy de vous, en vous l'offrant ; & s'il y a pour vous quelque aduantage, que vous ne l'acceptez que comme n'ayant pû honnestement le refuser, & que toute vostre recerche n'a esté que de le meriter. Mais, MONSIEVR, ie passeray plus auant, & finiray sur cette confession que ie fay, de vous deuoir encore aprés cecy plus que ie ne sçaurois iamais vous

† iij

EPISTRE.

rendre ; & qu'il faut que ie meure ingrat, quand ie vous aurois fait viure eternellement en cét Ouurage, & que ie serois, comme ie proteste d'estre, encore aprés la vie,

MONSIEVR,

Vostre bien humble, & tres-affectionné seruiteur,
A. MARESCHAL.

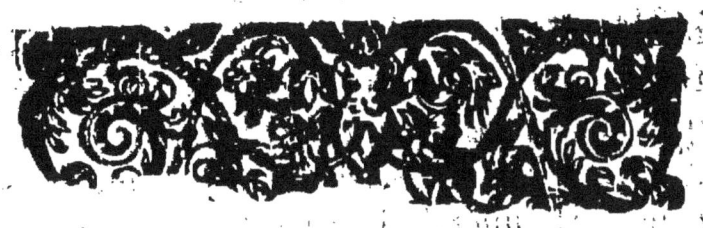

PREFACE.

ON ne s'étonne point que i'aye remis en ce lieu les raisons que i'ay à donner sur cét Ouurage, pour en iustifier ensemble & les moindres parties & tout le dessein. I'ay laissé lire expressément la premiere Iournée, afin qu'on pûst en reconoistre les deffauts, auant que ie les disse : & comme il est de la nature & de l'ordre des choses de pecher auant que de s'en confesser; ie pretends aussi que ma confession me serue d'excuse, & que la raison qui ne peut faillir tienne partie en mon erreur. Ie parle hardiment, & de la mesme sorte que i'ay bien osé commettre vn crime contre les maximes de l'ancienne Poësie, qui se plaindra que ie viole auec effronterie de certaines loix pour le Theatre, que les plus doux Esprits ont reuerées, & que les plus forts ont receuës. Toutefois quelque plainte qu'elle fasse, ie ne sçaurois me repentir d'vn peché que ie treuue raisonna-

† iiij

PREFACE.

ble, & n'ay pas voulu me reſtraindre à ces eſtroites bornes ni du lieu, ni du temps, ni de l'action; qui ſont les trois poincts principaux que regardent les regles des Anciens. Qu'ils me ſoutiennent que le ſuiét de Theatre doit eſtre vn en l'action, c'eſt à dire eſtre ſimple en ſon euenement, & ne receuoir d'incidents qui ne tendent tous à vn ſeul effect d'vne perſonne ſeule; ie leur declareray que le mien en a deux diuerſes. Qu'ils ſoutiennent encore que la Scene ne conſiſt qu'vn lieu, & que pour faire quelque rapport du ſpectacle aux ſpectateurs qui ne remuent point, elle n'en peut ſortir qu'en meſme temps elle ne ſorte auſſi de la raiſon; i'auou'ray que la mienne du commencement & pendant les deux premiers Actes eſt en la Ville de Prague, & preſque tout le reſte en celle d'Aule, en vn mot qu'elle paſſe de Boheme en Syleſie. De plus qu'ils iurent qu'vn ſuiét, pour eſtre iuſte ne doit contenir d'actions qui s'étendent au delà d'vn iour, & qui ne puiſſent auoir eſté faites entre deux Soleils; ie ne ſuis pas pour cela preſt à croire que celles que i'ay décrites, & qui ſont veritables, pour auoir franchy ces limites ayent plus mauuaiſe grace. Si l'on ne treuue que ces fautes dans mes deux Poëmes, ie n'en rougiray point; puis que ce ſont des vices agreables quand ils ſont dans vn bon ordre, & qu'ils ne iettent point vn ſuiét dedans la confu-

PREFACE.

fion. Et c'est, à mon aduis, ce qu'ont voulu euiter les Anciens par tant de regles ; mais ils se sont montrez encore plus seueres que subtils, employant cette rigueur contre eux-mesmes, qui souuent de peur de rendre vn suiét confus, le mettent à la geine. Que doncque l'on n'espere pas que ie soutienne autrement vne Piece que i'auouë irreguliere, qu'en publiant que c'est vne faute ingenieuse & premeditée que i'ay voulu faire, par d'autres regles plus sensibles & plus fortes qui m'obligent d'auantage, qui sont celles du deuoir & de l'amitié. Il me falloit estre mauuais Amy, pour paroistre icy bon Poëte, & quitter la Philosophie des honnestes gens, qui est la plus solide & la plus iuste, pour suiure celle qui n'a point de corps, & qui n'est qu'en l'imagination. Pour moy qui ne m'arreste pas volontiers à des songes ridicules, & qui ne sçaurois mettre de fondement sur des réueries, ie traitte dans ces Vers vne Histoire aussi veritable qu'elle est belle & glorieuse, & n'ay pas voulu laisser à la conscience seule des témoins, qui viuent encore & la sçauent, la plus agreable partie des effets que la seuerité des regles m'eust obligé de couper. L'honneur qu'on doit generalement à la verité, & celuy que i'ay voüé de particulier à ce Seigneur, qui tire sa naissance de la fin de cette Histoire, & qui l'acheue encore tous les iours par la plus noble vie qu'A-

PREFACE.

ble, & n'ay pas voulu me restraindre à ces estroites bornes ni du lieu, ni du temps, ni de l'action; qui sont les trois poincts principaux que regardent les regles des Anciens. Qu'ils me soutiennent que le suiét de Theatre doit estre vn en l'action, c'est à dire estre simple en son euenement, & ne receuoir d'incidents qui ne tendent tous à vn seul effect d'vne personne seule; ie leur declareray que le mien en a deux diuerses. Qu'ils soutiennent encore que la Scene ne connoist qu'vn lieu, & que pour faire quelque rapport du spectacle aux spectateurs qui ne remuent point, elle n'en peut sortir qu'en mesme temps elle ne sorte aussi de la raison; i'auou'ray que la mienne du commencement & pendant les deux premiers Actes est en la Ville de Prague, & presque tout le reste en celle d'Aule, en vn mot qu'elle passe de Boheme en Sylesie. De plus qu'ils iurent qu'vn suiét, pour estre iuste ne doit contenir d'actions qui s'étendent au delà d'vn iour, & qui ne puissent auoir esté faites entre deux Soleils; ie ne suis pas pour cela prest à croire que celles que i'ay décrites, & qui sont veritables, pour auoir franchy ces limites ayent plus mauuaise grace. Si l'on ne treuue que ces fautes dans mes deux Poëmes, ie n'en rougiray point; puis que ce sont des vices agreables quand ils sont dans vn bon ordre, & qu'ils ne iettent point vn suiét dedans la confu-

PREFACE.

fion. Et c'eſt, à mon adùis, ce qu'ont voulu euiter les Anciens par tant de regles; mais ils ſe ſont montrez encore plus ſeueres que ſubtils, employant cette rigueur contre eux-meſmes, qui ſouuent de peur de rendre vn ſuiét confus, le mettent à la geine. Que doncque l'on n'eſpere pas que ie ſoutienne autrement vne Piece que i'auoüé irreguliere, qu'en publiant que c'eſt vne faute ingenieuſe & premeditée que i'ay voulu faire, par d'autres regles plus ſenſibles & plus fortes qui m'obligent d'auantage, qui ſont celles du deuoir & de l'amitié. Il me falloit eſtre mauuais Amy, pour paroiſtre icy bon Poëte, & quitter la Philoſophie des honneſtes gens, qui eſt la plus ſolide & la plus iuſte, pour ſuiure celle qui n'a point de corps, & qui n'eſt qu'en l'imagination. Pour moy qui ne m'arreſte pas volontiers à des ſonges ridicules, & qui ne ſçaurois mettre de fondement ſur des réueries, ie traitte dans ces Vers vne Hiſtoire auſſi veritable qu'elle eſt belle & glorieuſe, & n'ay pas voulu laiſſer à la conſcience ſeule des témoins, qui viuent encore & la ſçauent, la plus agreable partie des effets que la ſeuerité des regles m'euſt obligé de couper. L'honneur qu'on doit generalement à la verité, & celuy que i'ay voüé de particulier à ce Seigneur, qui tire ſa naiſſance de la fin de cette Hiſtoire, & qui l'acheue encore tous les iours par la plus noble vie qu'A-

PREFACE.

ristandre pouuoit souhaitter à vn si digne successeur, m'ont demandé également ces circonstances necessaires à l'intelligence & à la beauté de la Piece, qu'vn autre que moy plus exacte & moins consideré, eust retranchées pour habiller à l'antique vn suiét de ce temps. La Poësie que i'estime & que ie tiens estre vne chose fort honneste, ne me forcera iamais d'en faire vne qui ne la soit point ; & le respect que ie porte aux Anciens ne me dispense pas de celuy que ie doy à Aristandre, ou du moins à ce genereux Seigneur, qui en est la viuante Image aussi bien que le Fils. I'honore la memoire des premiers ; mais ils me permettront de n'oublier rien de tout ce qui peut seruir à releuer celle d'vn Heros que nostre siecle a perdu ; & si i'ay peché contre leurs preceptes, ce n'est que par vne autre bien-seance plus haute & plus importante aussi que celle qu'ils ont obseruée. Ie leur defere tout, pourueu que ce soit sans rien oster à la gloire d'Aristandre ; mais qu'en la liberté de son humeur & de la mienne, ie le fasse seruilement dépendre de certaines regles qu'ils nous ont prescrites, pour effacer tout l'éclat & toute la force d'vn suiét, c'est vn point sur lequel sans heresie on peut se retirer de la creance de nos Peres, & où ie manque de religion, ie le confesse, pour les imiter. Ils me pardonneront bien cette licence iudicieuse ; & si les rigueurs de la

PREFACE

mort ne leur ont point ostè le sentiment des douceurs de la vie, ils auoüront que l'amitié fait ses dispenses & ses regles d'elle-mesme; que par vne façon subtile & qu'ils n'ont pas connuë, on peut loüer vn Mort pour les interests & la gloire d'vn Viuant; que le deuoir est plus fort qu'vne loy imaginaire; qu'il y a des pechez qu'on peut faire de bonne grace; & qu'il ne s'en treuuera point dans toutes les obseruations de la Poësie, qui puisse détourner vn honneste homme de témoigner son affection. Si ie puis me reconcilier auec eux, & treuuer lieu d'accommodement & de paix auprés de cette rigoureuse Antiquité, de qui la vieillesse est capricieuse, & se donne authorité sous le droit d'aisnesse, auecque des scrupules si seueres au Theatre, qu'elle y faisoit passer pour crime toutes nouueautez aussi bien qu'à l'Estat; ie n'auray qu'vn leger combat à rendre contre les Esprits du temps, & tiens déja plus de moitié la partie auancée. Qué s'il s'en treuue de ceux-cy qui blâment mon suiet, & la licence que i'ay prise de le mettre hors des regles des Anciens; ie n'ay qu'à dire que c'est vne Histoire de ce siecle, qui ne releue point du leur; que nous auons vn Peuple des Esprits & des façons contraires; que mon Aristandre est François moderne; que ie parle à ceux qui le sont; & que de tous les mauuais iugements qu'on pourroit faire i'en appelle à leurs humeurs

PREFACE.

qui n'ont point de borne en leurs changements, bien loin de souffrir celle du temps qu'on reduit à vingt quatre heures, encore moins celle du lieu, puis qu'elles semblent ne reposer qu'en allant: enfin que i'ay voulu tracer icy le Tableau du François, & d'écrire les actions d'vn seul, pour plaire à ses semblables. Mais afin de donner quelques clartez à ces raisons, pour les rendre plus fortes, ie laisse à considerer aux meilleurs Esprits la difference qu'il y a entre vne Histoire & vne Fable; car tout le monde sçait qu'Aristote a baptisé de ce nom, tous les suiets sur qui les Grecs & les Latins ont trauaillé, pour faire des Poëmes Dramatiques ou Epiques. Ie sçay bien que ce mot de Fable est pris par ce sçauant Genie en autre sens que le vulgaire ne l'entend, qui croit que toute fable ne soit qu'vn mensonge; & qu'Aristote par là veut signifier la constitution des choses qui font la matiere du Poëme, feintes ou veritables. Mais où treuuera-t'on ces veritez? Parmy l'Idolatrie & les erreurs continuelles d'vn Peuple gâté, où le mensonge estoit en prix, & où la Fable faisoit les Heros aussi bien que les Dieux: Et qui ne voit, s'il y en a, que c'est vn Soleil parmy les nuages, qui employe sa lumiere à la perdre, & de qui les rayons ne s'éclaircissent que de l'ombre, au lieu de la chasser. A leur façon il n'est rien d'impossible qui ne soit faisable; vn Oracle, vn Dieu de

PREFACE.

machines, vne Sorciere accordent tout. Pour faire mourir Hippolite, il faut que Thesée implore Neptune, & que Neptune qui n'est qu'homme ou qui ne fut iamais du tout, soit Dieu, & pere d'vn Mortel, à qui il a promis l'effect & l'accomplissement de trois souhaits qu'il auroit remis à son choix : qui croira que cela soit vne histoire, où tout est impossible ? Auoüons que Medée tua ses enfants, & qu'elle fut plus forte seule que tout vn Palais; Seneque toutefois se treuuera bien empêché de l'en faire sortir : Elle est furieuse, elle est Magicienne, son desespoir luy peut seruir d'armes & de courage, elle peut renuerser du Peuple & des soldats tous effrayez ; mais le chemin qu'il luy fait prendre est bien hardy, tant pour luy que pour elle, c'est celuy des Oyseaux. En quel lieu de reserue tenoit-elle cachez ces Dragons volants & ce Chariot sur qui elle s'enleua dans l'air, elle qui ne treuua qu'à peine où faire ses deux meurtres ; sans auoir autre loisir de les mediter qu'en les executant, dont le dernier fut acheué sur le haut d'vne Tour, où sa furie la porta & non pas son conseil ? Comme auiourd'huy nostre creance ne peut rien admettre de cela, elle nous permét aussi de cercher d'autres moyens & d'autres voyes pour aller à cette vray-semblance, qui répond aux humeurs de nos François & aux façons du temps, & qui donne vne face bien plus

PREFACE.

gaye & bien plus iuste à nos Poëmes. En effect si la fin du Dramatique est l'action, ce que son nom semble porter, mesme au sentiment d'Aristote; & si la difference du Theatre moderne à l'antique consiste en ce poinct, que celuy-cy raconte seulement, & que le nostre veut tousiours agir dans les diuersitez, qui pouroient ennuyer si elles n'estoient que simplement racontées; on doit iuger que le moderne attaint sa fin plus agreablement. Or est-il que de leur temps & du nostre le Theatre n'est destiné qu'au plaisir, que c'estoit le ieu des Anciens, tout serieux, tout noble, & passe encore pour le diuertissement le plus beau des François, & le plus honneste & le plus subtil des Italiens. La fin de cette sorte de Poëme est doncque tout à faict d'agir, & celle de l'action est de plaire; encore qu'Aristote en son Art Poëtique nous en donne deux contraires, qui sont la compassion & la crainte. I'auouë que ces deux se doiuent ordinairement rencontrer en la Tragedie, qui finit tousiours en des choses miserables & terribles: Mais sans mentir tout cela est si voisin de l'horreur, que mesme les anciens Autheurs, qui voyoient comme ils se contredisoient en leur fin propre, & que l'esprit pouuoit s'éfaroucher plustost que de se rendre à la peur ou à la compassion, ont reduit pauuremēt la Catastrophe, qui deuroit estre toute en action, à

PREFACE.

raconter des playes des morts qu'ils n'osoient faire voir; & auroient desiré de pouuoir faire massacrer; sans répandre le sang, qu'ils pensent dérober de nostre imagination, comme ils le cachent à nos yeux. C'est ce qui a plus décrié l'ancienne Tragedie, pour laquelle il faut auoir vn goust aspre, & contraire aux delicatesses de nos Peuples d'auiourd'huy, qui sur la compassion & la crainte que leur donnent les obiets funestes, ont voulu prendre de la consolation & de la ioye, par vn agreable passage de la douleur au plaisir, & vn changement de succez heureux, que le Ciel ou la seule patience fait treuuer à la Vertu tant de fois trauersée. Voila cette troisiéme fin de l'action qui contient & suppose les deux autres; & qui a donné iour aux Italiens d'inuenter vn nouueau Poëme, ajoustant aux premiers la Tragi-Comedie que l'Antiquité n'auoit iamais connuë, & qui est la perfection des autres à mon sentiment. Si l'on me dit que ceux-là mesmes qui ont treuué ce chemin nouueau, toutefois ne le suiuent que sur les pas des Anciens; ie feray voir que s'ils ne l'ont rompu, ils l'ont bien étendu, & que par tout cette nouuelle fin de plaire les a fait gauchir aux regles, lors qu'elles luy estoient contraires. Pour le connoistre, & pour me croire, il ne faut que considerer deux des meilleures Pieces que nous puisse vanter l'Italie: La Phyllis de Scyre a pour but

PREFACE.

deux actions diuerses, le mariage de Phyllis auec Tyrcis, & celuy de Celie auec Aminte; c'est vn peché contre les regles d'Aristote qui n'en souffrent qu'vne seule. Le Pasteur fidele a perdu pour ce regard la fidelité qu'il deuoit à ces preceptes, & tout parfait comme on nous le décrit, est tombé dans ce vice; en faueur duquel ie diray que si c'est vne faute, & que la vertu soit contraire, sans mentir le vice est plus beau que la vertu, & il y a des fautes qui vallent mieux qu'elle. I'en pourrois rapporter vn nombre d'autres, qui sont moins trauaillées & moins delicates, & dont les fautes aussi sont bien plus grossieres; mais c'est mon dessein d'épargner celles de nostre temps, puis que leurs pechez sont les miens; encore que plusieurs ayent commis par ignorance ce que i'ay fait par consideration. Reuenons aux Anciens. Ie n'ay pas resolu de les combattre ces puissans Genies, à qui nous deuons du moins cette gloire de nous auoir ouuert le chemin aux grandes choses: les moindres de l'Antiquité me passeront tousjours pour excellents; mais les plus excellents aussi me permettront de dire qu'ils n'ont pû s'empécher de faillir. Sophocles le plus iuste des Poëtes Grecs, Eurypides qui luy dispute cette gloire, Æschyle, Menander, & tous les autres seroient contraints de me l'auoüer, si ie n'auois peur que ma temerité leur tournast à honte, de leur montrer

PREFACE.

trer dans leurs Escrits, des fautes qui ont esté des exemples d'imitation à la posterité. Mais sans faire iniure à l'Antiquité, celuy qui dedans la Preface de Tyr & Sidon luy a découuert presque tout le sein à nud, pour couurir les deffaux iudicieux de son Amy, nous fait voir assez clairement que ceux qui ont fait les preceptes ne les ont pû suiure, encore que leurs suiets semblent auoir esté faits plus pour les regles, que les regles pour eux. Comme ce n'est pas mon dessein de recercher l'enfance de la Poësie; ni d'entrer dans son berceau qu'il nous a ouuert, ie tire le rideau sur les Grecs pour en venir aux Latins, & dire quelque chose quil nous a laissée à remarquer plustost qu'il n'a obmise. Seneque est il plus reglé que les autres? il n'est personne qui le nie; cependant il y a deux actions diuerses dans la Tragedie Agamemnon; la mort de ce Roy mal-heureux, & celle de Cassandre: Il y en a autant dans la Troade; Astyanax est precipité d'vne Tour, & Polyxene immolée au Tombeau d'Achylle: L'Hyppolite est de mesme; Phedre s'y tuë pour auoir causé la mort de son Beau-Fils: La Thebaide estoit en danger de courir le mesme sort, si on l'eust acheuée, à cause qu'Etheocle & Polinice y deuoient demeurer, & se faire encore la guerre aprés la mort par les flames de leur bucher. I'appelle cette Piece ainsi honteusement

††

PREFACE.

tronquée, vn beau corps qui n'a point de teste; ie pense que Seneque n'osa luy en faire, pour ce qu'il luy en falloit deux, & c'eust esté vn monstre. Mais voyant que sa plus belle partie est encore à éclore, & demeure enfermée dans l'esprit de son Autheur, ie dy qu'elle est pareille aux Enfants conceus dans cette imperfection qu'apporte la Nature, qui sont coupables auant que de naistre. De tout cecy on peut connoistre que Seneque n'est pas d'accord auec Aristote, qui veut qu'il n'y ait qu'vne action principale, où toutes les autres s'vnissent comme dans leur centre: mais bien loin de les accorder i'ajouste encore à la seuerité de ce sçauant Legislateur, que nostre Autheur Latin, qui par tout ailleurs me semble admirable ne se peut lauer de cette faute, puis que ces regles estoient parmy eux ce que nous font auiourd'huy les articles de la Foy, où qui peché en vn, peche en tout. Outre ce que i'ay remarqué qui choque cette regle de l'vnité d'action, ie treuue que pour faire l'vnité de lieu dans Hercule Oetæan, Seneque introduit Phyloctete qui raconte la mort de ce Heros inuincible, au lieu qu'il nous le deuoit faire voir combattre sa douleur & ses furies, & surmonter la mort mesme en mourant: mais cela demandoit la montagne & la forest d'Oete, qui eust fait vn lieu different de celuy de toute la Piece. Si chacun estoit

PREFACE.

de mon sentiment, il eust esté plus à propos de relâcher vn peu de la seuerité des regles, & nous faire voir cette mort, que nous sommes contraints d'apprendre d'vn Messager par Gazette. En effect y a-t'il rien de si importun que ces rapports & ces longues narrations, qui feroient mourir d'ennuy la plus ferme patience, qui nous surchargent la memoire de parolles sans effects, nous rauissant par vn tissu de longs discours tout le plaisir qu'on receuroit des actions ? & quelle faute ne doit-on pas recercher, pour fuïr celle-là ? Ces actions pour peu qu'elles soient disposées par vne discrete œchonomie, font plus de prise dans l'esprit, & vallent mieux que les messages & les narrations les mieux trauaillées. Ils tiennent pour perdu le temps que nous employons à agir; & ie tiens pour iniurieux; & pour trop long encore le peu qu'ils en prennent pour nous ennuyer, & pour nous rendre mal-heureux par les oreilles. Ils dépoüillent tout vn suiét, pour le reuestir à leur mode; s'il a de diuerses rencontres & d'incidents agreables, qui sont ses beautez naturelles, ils font passer les regles par dessus, comme vn rasoir qui en retranche iusqu'à la racine, & ne luy laisse rien d'entier bien souuent que le nom. I'apprendrois volontiers, s'ils eussent eu à traitter quelque Histoire autrement que de Fable, par quel droit ils auroient osté ces circonstances que

PREFACE.

la verité demande ; si le nœud d'vne intrigue qui se lie par vne chaine étenduë d'accidents diuers, qui vray-semblablement, ou en effect, regardent vne suitte de iournées, se peut faire comprendre en vn instant, & resoudre en vn autre. Mais s'ils ont cultiué cette heresie auecque tant de religion & de soins, qu'ils l'ont fait passer iusqu'à nous, pour en gâter vn nombre d'Esprits difficiles, qui pensent acquerir vn grand renom d'vne petite & vaine curiosité, comment auront-ils pû souffrir l'Amphytrion de Plaute, où au lieu d'enfermer l'action dans les vingt-quatre heures, vn Enfant est conceu & né dans vne mesme Piece, sans preiudice des neuf mois ? Ne faut-il pas que le Theatre Latin en rougisse, ou qu'il abiure auecque nous cette creance ridicule, contre laquelle pechent aussi bien ceux qui en ont donné les loix, que tous ceux qui les ont receuës ? Seneque n'est pas moins aueugle que Thyeste en cette Tragedie qui porte ce nom, quand aprés l'auoir fait recercher par son Frere Atrée, qui l'appelle à la moitié du Royaume par la voix de ses propres Enfants, il fait venir ce miserable Prince d'vn lieu éloigné, hors du Royaume, où son crime & la peur qu'il auoit de son Frere le retenoient en exil. Iamais l'impatience & la credulité n'ont fait aller si viste vn Mal-heureux à sa prochaine perte, que celuy-cy ; qu'il faut croire

PREFACE.

auoir esté porté par les vents, pour arriuer d'heure, & se treuuer present à sa propre Tragedie ; ou certes qu'il y a d'autres Royaumes qu'Yuetot, que l'on peut trauerser de l'œil, & passer en ce peu de temps que demande sur le Theatre vn Acte finy pour commencer l'autre. Allons d'vn pied égal, & passons outre. Pour se reduire dans le temps prescrit, ils nous donnent bien d'autres actes de leur diligēce;ils feront venir sans marcher vn homme de quatre cents lieuës, qui sans aduis sans apparence sans dessein, & le plus souuent sans raison, en vn moment qu'on luy diroit estre assigné, nous apparoist comme tombé des nuës : & sans ce personnage que l'on voit venu, combien qu'on n'ait pû le faire venir, toute la Piece seroit en desordre. Si cela se peut dire iuste, il n'est rien qui ne le soit au Theatre : & certes ie croy que les meilleurs iugements seront de mon costé, & treuueroient auecque moy plus de plaisir & de raison, de voir venir cét homme à ses iournées, ou du moins dans le dessein de les entreprendre, que de le ietter par force & à l'étourdy sur le Theatre. Où est cette apparence qui doit estre l'ame de toutes les actions ? ne vaudroit il pas mieux tirer des regles vn suiét, pour le mettre en la vray-semblance ? voila vn nœud bien délié. Nous autres prenons du lieu du temps & de l'action, ce qu'il nous en faut pour le faire cu-

†† iij

PREFACE.

rieüfement, & pour le dénoüer auecque grace, en furprenant les efprits par des accidents, qui font hors d'attente & non point hors d'apparence: eux ne le démélent point, ils le couppent. Et qu'on ne penfe pas nous faire paffer leur fcrupule pour vertu. La fimple imagination porte autant mon efprit, mais bien moins agreablement, aux pays d'Orient, & dans les Villes qu'Alexandre fubiugua, quand on m'en fait feulement la narration pour la ioindre à la derniere Iournée de fa vie, que quand ie le voy fur le Theatre en perfonne, icy combattre Darius, la pleurer fur la perte de fon Ennemy; témoigner en vn Acte fon courage, en l'autre fa continence & la force de fon cœur à furmonter tous les appas d'vne Beauté parfaite; promener par toute la Perfe fa valeur, & enfin prendre Babylone pour en faire fon tombeau. La defcription m'importune en fa longueur, l'action me recrée; celle-là n'appartient qu'à l'Hiftoire ou bien au Poëme Epique; celle-cy donne la grace au Theatre, qui nous peut faire voir en r'accourcy les lieux, le temps, les actions qui concernent l'effence d'vn fuiét, fans preiudice de ces regles ombrageufes, qui ne font point du temps, ne doiuent point obtenir de lieu parmy nous, & pour lefquelles on ne peut auoir d'action contre nous qu'en l'autre Monde. Mais là nous aurons des lumieres & vne raifon plus hau-

PREFACE.

te, qui nous feront voir que tout n'eſt que vanité, que noſtre vie n'eſt qu'vn ſonge, & nos raiſonnements des réueries de malades; que les Anciens ont commencé les fautes, & nous les acheuons; qu'en penſant donner du iour à l'erreur, eux & nous auons mis l'erreur au iour. Enfin nous pourons nous accorder en ce poinct, que nous nous mocquerons également de ces douces folies: Et de moy ie ne croy pas que i'attende iuſqu'à ce temps-là, de rire du ſoin inutile que i'ay pris de former ce diſcours, pour ſouſtenir ou reprendre des fautes que les ignorants n'entendront point, & que les plus ſçauants mépriſeront quand ils auroient deſſein de me flatter, prenant cecy comme vne choſe ſuperfluë, & qui ne peut ſeruir qu'à ceux qui voudront faillir comme moy.

༺༻

Parmy les fautes que mon ignorance a laiſſées dans ces Vers, il ne m'en eſt échappé qu'vne ſeule de l'Impreſſion que i'aye ſceu connoiſtre, & que ie prie le Lecteur de remarquer : c'eſt en la premiere ligne de la page neufuiéme de la Preface, où il faut lire des playes & des morts.

Extraict du Priuilege du Roy.

PAR grace & Priuilege du Roy, il est permis à Pierre Rocolet, Imprimeur & Libraire ordinaire de la Maison de Ville de Paris, d'imprimer, vendre & debiter le present liure intitulé, *La genereuse Allemande*, composé *par le Sieur* MARESCHAL, durant le temps de six ans, à commencer du iour qu'il sera acheué d'imprimer, auec deffenses à tous autres de l'imprimer sur peine de l'amende portée par ledit priuilege. Donné à Lyon, le premier iour de Septembre mil six cens trente.

Par le ROY en son Conseil,

Signé, COVPEAV, Et scellé du grand Seau de cire jaune.

Acheué d'imprimer le dix-huictiesme Nouembre 1630.

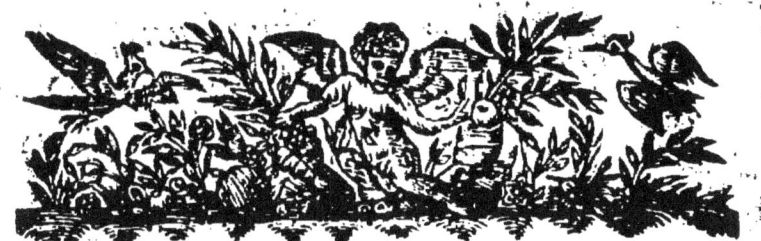

LA GENEREVSE ALLEMANDE TRAGI-COMEDIE.

SECONDE IOVRNE'E.

ACTE PREMIER.

CLORIANDE, CORYLEON,
ESCVYER, ROSELINE, ARISTANDRE,
EXEMT, ET SES GARDES, CAMILLE,
MENIPE, FELISMON.

SCENE I.
CLORIANDE, CORYLEON,
CLORIANDE. [Seule.]

Doy-ie me réioüir? ou si ie doy me
plaindre (taindre?
D'auoir pû par mal-heur à mes souhaits at-

Est-ce pour m'obliger, ô sort iniurieux,
Qu'armé pour mon desir tu parois furieux?
Vn effect si sanglant, m'est-il doncque propice?
Falloit-il, Roseline, aprés ton precipice
Voir encore deux cœurs au mien sacrifiez,
Deux esprits par le mien honteusement liez?
Le destin, pour oster à mes vœux tout obstacle,
Pour moy d'vn seul mal-heur a fait double miracle;
L'vn mettant l'autre à mort m'en décharge par là,
La mort de celuy-cy m'arreste celuy-là;
Vachles m'importunoit, Aristandre l'outrage,
Aristandre fuyoit, & Vachles me l'engage;
Pour mon bien leur mal-heur semble auoir combattu,
Ie tire également profit de leur vertu,
(S'il faut ainsi nommer vne action trop prompte,)
Vainqueur, comme vaincu, moy seule ie les domte:
 Ie doute si mon cœur est ou plus affligé,
Ou plus content de voir Aristandre engagé,
Si ie doy plus auoir de pitié de sa peine,

ALLEMANDE.

Que de benir son mal, & d'adorer la chaine
(Toute rude quelle est) qui le tient en prison,
Qui de sa cruauté me fera la raison,
Qui me poura prester le temps & l'industrie
De l'obliger d'auoir pitié de ma furie,
Pour sortir de son mal, d'entrer dedans le mien,
De faire l'vn pour l'autre, auanceant nostre bien :
Que i'ayme son mal-heur, à qui ie doy mes lar-
    mes !   (mes !
Que mon sort & le sien, tous cruels, ont de char-
Que son mal me plaira, quand ie le souffriray !
Au deuant des trauaux la premiere i'yray.

   I'yray ? quoy ? sur ce poinct encore ie demeure ?
Non non, c'est déia trop, s'il a souffert vne heure :
Dormez-vous, mon amour, & ma fidelité ?
Sus, il faut le tirer de sa captiuité ;
Ie veux, pour l'obliger, faire en sorte qu'il tienne
Sa liberté de moy, qui luy tendray la mienne,
Et mon cœur, pour le prix de son dégagement,
Ie veux mesme en perdant profiter sagement :
Que Vachles soit tué, Roseline captiue,
Cela me touche peu, pourueu que l'autre viue,
Aristandre, pourueu que tu pûsses aymer,

A ij

LA GENEREVSE

Ie verrois sans regret le monde s'abysmer,
Ie verrois.... Mot ; voicy qui me ferme la
 bouche ;
[Le Prince arriue tout triste & tout en coleres]
Ie vay bien adoucir ce visage farouche.
Doncque toûiours ainsi ie vous verray troublé ?

༺༻

CORYLEON.
Oüy, tant que ie seray de mal-heurs acablé.
CLORIANDE.
Mon Frere, voulez-vous oüyr vne parolle ?
CORYLEON.
I'en entendray dix mille, & rien ne me console.
CLORIANDE.
Que dedans vos tourments vous estes obstiné !
CORYLEON.
Comme vn homme, de ioye & d'honneur rüiné.
CLORIANDE.
Ie ne puis plus en fin ni feindre, ni me taire ;
Et deussé-ie courir hazard de vous deplaire,
Ie vous diray, mon Frere, en pure verité
Que vous rendrez le Ciel contre vous irrité,

ALLEMANDE.

Si vous tirez à vous de si loin l'infortune
Qu'il falle qu'hors de vous le sort vous im-
    portune: (gueil
Et bien, Vachles est mort, l'impudence & l'or-
Ont mis vn Assassin dans vn honteux cercueil;
Est-ce là pour en perdre & l'honneur, & la ioye?
C'est aymer ses douleurs qui si mal les employe.

CORYLEON.

Vous ne me touchez pas où la douleur me cuit ;
Il est vray que ce mal encore me poursuit,
Que de l'Ambassadeur il faut que ie réponde ;
Ma playe est plus sanglante, helas! plus ie la
    sonde ;
Si ie pense à ton sort, déplorable Beauté,
Ie treuue mon mal-heur dedans ma cruauté ;
Roseline! Ah! ce nom dans ma bouche m'accuse.

CLORIANDE.   [Parlant bas.]

Courage, nous l'aurons, il donne dans ma ruse.
Oüy, ce nom vous reproche vne infame rigueur,
Ses larmes vous deuroient entrer dedans le cœur,
Vn souspir, de ses yeux vne goutte versée
Amolliroit vne ame au carnage exercée :
L'innocente sans fin doit-elle ainsi gemir

Sous l'iniure & les fers ? n'auez-vous pû vomir
Le fiel d'vne colere (iniuste reconnuë)
Dans la honte mortelle où vous l'auez tenuë ?
Ses vertus auroient pû porter à la pitié.....

CORYLEON.

Vn Tyran, ie l'auouë, & mesme à l'amitié :
I'ayme son innocence, & ie la veux détruire,
Ce Soleil m'ébloüit à force de me luire ;
Ie souffre tous les maux que ie luy fis souffrir,
Ils blessent ma memoire, & s'y viennent offrir ;
Qu'ils me pesent au cœur, & qu'ils me chargent
  l'ame !
L'oserois-tu plus voir ? ô bourreau de ta femme !
Ah ! qu'à ma volonté le temps pûst reuenir !
C'est assez du present, ie l'ay pour me punir :
Ça, qu'on m'appreste icy poison, feu, fer, & peste ;
Il faut mourir, le iour ne m'est plus que funeste.

CLORIANDE.

Au contraire, il faut viure, & loüer le destin....

CORYLEON.

Le loüer ? luy, qui m'est si cruel, & mutin.

CLORIANDE.

Luy, qui tout cõplaisant desormais vous presage,

ALLEMANDE.

Tous ces vents appaisez, vn calme après l'orage,
Qui vous rendra ma Sœur, ainsi que ie le croy,
Plus chere après l'épreuue & l'honneur de sa foy :
Il faut recommencer vn nouuel Hymenée,
Qu'à ce iour la douleur s'en aille terminée,
Que la ioye à son tour succede à nos ennuis,
Qu'vn beau iour chasse enfin tant de fascheuses
    nuicts ;
Mesme il faut, pour laisser aussi toute matiere
De douleur, de discorde, & de peine en arriere,
Qu'Aristandre, qu'vn sort icy tient arresté,
Reprenne en cette paix l'air, & la liberté ;
Rauie iniustement, doit-on pas la luy rendre ?
Quelle loy ne permét enfin de se deffendre ?
Luy, pour des Assassins indignement souffrir ?
Il le faut deliurer, que rien ne puisse offrir
A nos yeux, du passé la sanglante memoire,
Que de ces mauuais iours on enterre l'histoire,
Que tout desordre estaint, on rende à cette Cour,
(Ma Sœur y reuenant,) son éclat & son iour.

CORYLEON.

Son iour ? il ne se peut, ie ne sçaurois luy rendre

Que par une autre nuict, seulement dans ma cendre
Ma faute se pourroit dignement effacer ;
Ie ne la sçaurois voir, il n'y faut plus penser :
 Toutesfois qu'on l'appelle ; il faut mesme à sa veuë,
Pour guerir sa douleur, que la mienne me tuë ;
Oüy, faites la venir, sa pitié iugera
Quel fut mon desespoir, quand il la vangera.

CLORIANDE.

Non pas, mais pour rejoindre ensemble vos deux ames,
Renoüer de vos iours en une les deux trâmes ;
Ie vay vous l'amener.

[Parlant bas, & s'en allant.]

    Que ie trauaille bien !
Pour le tien, cher Amant, ie me sers de son bien.

CORYLEON. [Seul.]

R'asseure toy, mon cœur ; son retour le demande
Ah ! que ie le desire, & que ie l'apprehende !
Non, iamais ses beaux yeux ne riront plus aux miens,
Et ie verray ma mort escrite dans les siens ;

ALLEMANDE.

Ses appas les plus doux porteront leurs atteintes!
Ses regards parleront, & me feront des plaintes:
Pardonne moy, ma Vie, & vois mon repentir,
Qui fait de mes regrets tous ces lieux retentir;
Ie mouray, si tu veux, pourueu que tu l'ordonnes,
Pourueu qu'auparauant, mon Cœur, tu me
    pardonnes,
Ie ne fuy point le coup, ie n'attends que cela.
Mais où vient, & que veut l'Escuyer que voila?

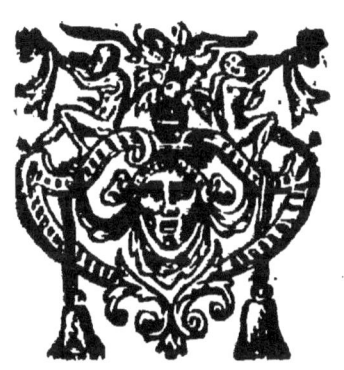

SCENE II.

ESCVYER, CORYLEON,
CLORIANDE, ROSELINE,

ESCVYER.

[Presentant au Duc la bague de sa femme.]

IE vous viens, Monseigneur, presenter ce beau gage,
Qu'à peine i'ay tiré d'entre les mains d'vn Page!

CORYLEON.
Cette bague ? d'vn Page ? & de qui ?

ESCVYER.
De Persin.

CORYLEON.
Ah ! le petit voleur ! ie connoy son larcin ;
La bague est à ma femme, il aura pû luy pren-
dre.

ESCVYER. (ristandre.
Non, Monseigneur, il l'a d'vn Page d'A-

ALLEMANDE.
CORYLEON.
D'Aristandre ? & comment ?
ESCVYER.
Cette infernale nuict
Que Vachles pour se perdre éleua tant de bruit,
Vers le petit Persin ce Page se retire ;
Toute la Cour en trouble, eux ne s'en font que rire,
Ils trainent iusqu'au iour cette nuict en iouant,
Iusqu'à ce que Persin d'vn esprit patient
Luy gaigne son argent, & cette bague encore ;
L'autre desesperé, que le mal-heur deuore,
Veut reprendre sa bague, ils se mettent en feu,
Ils s'outragent l'vn l'autre à la fin de ce ieu ;
I'arriue sur les coups, ie frappe, & les separe,
Ie leur tire l'anneau : mais le iugeant tres-rare,
Monseigneur, ie vous suis venu le presenter.
CORYLEON.
Croiray-ie mon soupçon qui reuient me tenter ?
Mais non, tu ne te rends subtil qu'à mon mar-
tyre,
Ingrat, méchant esprit.
ESCVYER.
I'oublioîs à vous dire

LA GENEREVSE

Qu'en se foüillant l'un l'autre & se faisant courber,
Ie vis au milieu d'eux cette lettre tomber;
Ie la prends aussi tost : voyez, elle s'addresse,
Et n'est pas sans dessein escrite à la Princesse.

CORYLEON.

Donne ; retire toy.

[En ouurant la lettre.]

Que ie suis curieux !
Mon cœur impatient est ialoux de mes yeux.

[Il regarde à la signature au bas, & dit.]

On signe icy ma mort sous le nom d'Aristandre.

[Il commence à lire, & s'arreste au premier mot.]

L'Amour. Aprés ce mot , ô Dieu ! que doy-ie attendre ?
Toutefois auallons le reste du poison.

ALLEMANDE.

LETTRE
D'ARISTANDRE
A ROSELINE.

L'Amour, & vos desirs ont forcé
    la raison,
  L'ambition cede à vos larmes,
  Ie viens de rompre sa prison,
Pour n'auoir desormais que celle de vos
    charmes.
Ie reuiens par deuoir, & par necessité
  Reprendre où ie laissay la vie,
  Ioüir d'vne felicité
Qui surpasse mon sort, & non pas mon
    enuie.
    [Il redit ces deux Vers en cette sorte.]
  Reprendre où tu laissas la vie?
  Ioüir d'vne felicité?
C'est trop, mal-heureux Prince, à quoy lire le reste?
Vn mot dit tout mon mal, à la fin cette peste

LA GENEREVSE

Qu'vn traiſtre ſein couuoit, s'eſtẽd & ſe fait voir,
Tu m'as trahy, meſchante! ô rage! ô deſeſpoir!
Eſclatte, ma fureur, ie voy que tu te ioües,
Sus, appreſte des feux, des potences, des roües,
Inuente à cette fin des ſupplices nouueaux,
Qu'on me faſſe venir des fers, & des bourreaux:
Que n'ay-ie voſtre eſprit, Canibale, Buzyre,
Pour treuuer à mon choix quelque nouueau mar-
   tyre! (ſang,
Ca, ie me veux baigner les mains dedans leur
Oüy, ie leur veux porter le coûteau dans le flanc:
Non, ce coup eſt trop prompt & trop doux, ce me
   ſemble;
Ie veux que de leurs mains ils s'égorgent en-
   ſemble,
Qu'ils ſe mangent les yeux l'vn de l'autre. Ah!
   voicy
Ma paillarde, qui vient d'vn œil tout éclaircy,
I'y voy meſme à trauers la luxure, & ſa flame:
Effrontée, impudique, & tu parois, infame?

CLORIANDE.

Dieu! qu'entends-ie? mon Frere, eſtes-vous
   hors du ſens?

ALLEMANDE.
CORYLEON.
Non non, i'y suis rentré.
ROSELINE.
Dans l'enfer ie descends,
Ce front iniurieux sans autre ferme blesse;
Ah! ma Sœur, est-ce ainsi?
CORYLEON.
Viens, approche, Tygresse;
Fais venir ton mignon, ce Narcisse si beau,
Ie veux vous marier auecque cet anneau.
ROSELINE.
Qu'ay-ie veu? c'est ma bague; helas! ie suis
   perduë.
CLORIANDE. *A fonduë*
Quel soudain changement? qu'en peu d'heure est
L'esperance plus belle!
ROSELINE.
O sort trop inhumain!
CORYLEON.
Viens lire cette lettre, en connois-tu la main?
Et bien, aprés cela que faut-il que ie fasse?
ROSELINE.
Me tuer, hâtez vous, c'en est fait, ie trépasse;

LA GENEREVSE

O douleur! ô martyre! ô rage! ô Cieux maudits!
Prenez, coupez mes iours de tant de maux our‑
    dits;
Adieu, ma chere Sœur.

CORYLEON.

Oüy, viste, qu'on l'emmeine;
Hola, quelqu'vn icy;

[L'Escuyer accourt auec quelques autres qui l'emmenent.]

Qu'au supplice on la traine,
Que l'on dresse vn bucher, qu'on fasse vn échaf‑
    faut,   (deffaut,
Qu'on massacre, qu'on brûle..... Ah! la voix me
Mais non pas la fureur, mais non pas le courage;
Allons reprendre vent pour acheuer l'orage.

CLORIANDE.

[Seule, apres que le Duc est sorty.]

Dieux! que ce vent doit faire vn violent effort!
Que la prudence est vaine où preside le sort!
Que ma subtilité rencontre icy d'obstacles!
N'importe; s'il ne faut que faire des miracles,
Pour treuuer, Aristandre, à tes maux vne fin,

Me

ALLEMANDE.

Me voila resoluë à vaincre le destin:
Ie sçay que cét orage éclatte à ta ruine;
Mais aussi l'on sçaura que parmy la bruïne
Le Soleil quelquefois luit aux lieux qu'il cherit,
Que l'Amour n'est puissant, ni Dieu, qu'en
    mon esprit;
Et que pour te sauuer ie me tiens assez forte,
Fusses-tu dans l'Enfer, pour t'en ouurir la porte.

SCENE II.

ARISTANDRE, EXEMT,
ET SES GARDES.

ARISTANDRE. [Seul.]

A La fin ie respire aprés tant de trauaux,
Vn espoir asseuré dissippe tous mes maux;
J'épreuue en mon mal-heur qu'il n'est rien qui ne serue,
L'amour icy me perd, & l'amour me conserue;
Celle dont i'ay souuent reietté l'amitié,
Ne l'ayant pû d'amour, m'oblige de pitié;
Son courage amoureux plus fort que mon offence
A preuenu mes vœux, & s'arme à ma deffence,
Ie pense qu'elle veut mon salut plus que moy;
Par elle ma prison est remise à ma foy,
Et le Prince qui n'a de creance qu'en elle
Perd sa hayne enuers moy, qui la creus eternelle;

ALLEMANDE.

Icy i'ay pour prison la Cour, & le Chasteau,
Lieu de captiuité qui ne m'est pas nouueau;
La Cour n'est-elle pas au plus libre vn seruage,
Vne prison superbe, vn honneste esclauage?
Ah! que i'y treuuerois mes desirs satisfaits,
N'estoit que ma Camille ignore ces effects:
Auprés de l'Empereur elle poursuit ma grace,
Mon amour voit ses pleurs, & la suit à leur
    trace,
I'entends tous ses souspirs du lieu mesme où ie suis,
Auec elle ie marche, & sens tous ses ennuis;
Elle insiste, ie presse, elle implore, ie prie.
    Mais ie m'afflige en vain dans cette réuerie;
Le Ciel en fin se change, il flatte mes mal-heurs,
Ie treuue les plaisirs au milieu des douleurs,
Et ma captiuité sans puissance ni charmes
Oste à mes ennemis la rigueur & les armes :
Iamais plus de douceur ne suiuit tant de bruit,
Ni iamais plus beau iour vne si noire nuict;
Amour fit cét orage, & luy-mesme l'appaise.
Mais ma Garde reuient, il faut que ie me taise.

[L'Exemt & ses Gardes arriuent.]

Amy, que ie diray compagnon de mon sort,

R ij

LA GENEREVSE

Et bien, que fait le Prince?

EXEMT.

Il figne voſtre mort,
Et ſon commandement qui porte vne tempeſte
Ordonne qu'vn cachot luy garde voſtre teſte.

ARISTANDRE.

Ah! cruel, ah! perfide; eſt-ce là cette foy?
Cieux! me reſeruiez-vous à ce dernier effroy?
Quel eſt ce mouuement? dittes, que ie le ſçache.

EXEMT.

Les Grands ont des ſecrets que la prudence cache;
Moy, i'y ferme les yeux, & n'en ay ſeulement
Qu'à vous conduire.....

ARISTANDRE.

Helas! dans mon triſte élement;
Il eſt vray, mon deſtin ne me laiſſe à cette heure
Pour eſpoir que la mort, qu'vn cachot pour de-
*   meure: (ennuicts!*
O Dieux! qu'vn peu de temps change les iours
Que le plus grand plaiſir eſt voiſin des ennuis!

ALLEMANDE.
EXEMT,
Suiuez nous.
ARISTANDRE.
Que ce n'est déia mesme au supplice
Tu me dois suiure, Amour, comme estant mon
complice.

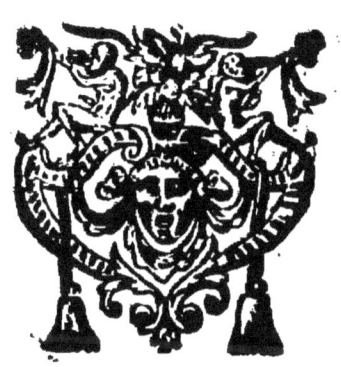

LA GENEREVSE

SCENE IV.

CAMILLE, MENIPE, FELISMON.

CAMILLE.

[Seule, retournée de Prague, auec la grace d'Aristandre, & des deffences de l'Empereur.]

Execrable Tyran, qui nage dans mes pleurs,
De qui la cruauté se rit de mes douleurs,
Dont l'orgueil insolent ne reconnoist personne,
Ni Loy, ni Majesté, ni Sceptre, ni Couronne;
Qui pour nous ruïner, d'vne égale fureur,
Ne craint point sa ruïne, offenceant l'Empereur,
Qui mét en mesme rang ma plainte, & sa def-
  fence,
Et ne redoute rien, pourueu qu'il nous offence,
Qui ne respire plus que le sang genereux
De celuy dont le sort rend le mien mal-heureux;
Qui veut sur vn Amy sousmis à sa puissance
Entretenir la rage, & punir l'innocence,
Esteindre ses vertus par vn iniuste effort,

ALLEMANDE.

Et me faire mourir mille fois en sa mort:
Toute faueur me nuit, tout obstacle l'irrite,
Ta perte, cher Amant, dans son cœur est escrite,
Sa Majesté la peut à peine differer;
Moy, pour nourir mon mal, i'ose encore esperer?
I'aurois mis hors des fers les Tytans en campagne,
Arraché le Geant du faix de sa montagne,
De son tombeau fameux Encelade tout vif;
Et ie te laisse encore Aristandre captif?
Peux-tu souffrir, Nature, vn Soleil dans l'a-
 bysme?
Faut-il qu'à ce Tyran il serue de victime?
Non, Camille, preuiens toy-mesme son dessein;
Va plustost luy porter vn poignard dans le sein:
De long-temps à ce coup ma valeur est instruite,
Ie n'y manqueray pas à l'extreme reduite,
Le Barbare sçaura ce que pese ma main;
Eust-il le cœur ensemble, & le corps tout d'airain,
Ie treuueray le lieu, par où ma rouge lame
Fera, pour en sortir, vn passage à son ame;
Bien que fille, ie tiens sa vie à mon pouuoir.
   Mais, le foible penser qui me vient deceuoir!
Ton trépas, Aristandre, helas! pouroit-il estre

Pleinement expié par celuy de ce Traistre?
Non, d'vn si triste coup l'Vniuers gemiroit,
Le Soleil auroit peur, la Lune blémiroit,
Le Ciel fondroit en pleurs, & toute la Nature
Se vestiroit de deüil pour plaindre cette iniure;
L'Enfer mesme sensible aux cris de la pitié
Préteroit ses fureurs à ma sainte amitié,
Et pour punir l'auteur d'vn si sanglant outrage
Le Ciel à cette fois rendroit iuste la rage.

   Mais quand tout s'armeroit à sa punition,
Que les Dieux prendroient part à mon affliction,
Ie doute si ta mort seroit assez vangée,
Et ma iuste douleur dignement soulagée:
Il faudroit qu'à l'entour de ton flottant tombeau
Le Soleil dans mes pleurs étaignist son flambeau,
Que la Nature mesme expirast sur ta cendre,
Qui t'auroit veu détruire, & ne te pourroit
   rendre.

   O Ciel! doy-ie noyer la terre dans mes pleurs?
Et, si tu les préuois, détourne ces mal-heurs,
Accorde à ma constance vne fin glorieuse,
Aprés tant de combats rends moy victorieuse;
Entore n'ay-ie pas le courage abbattu

ALLEMANDE.

Iusqu'à n'esperer point ce bien à ma vertu,
Qu'vn iour mon beau Soleil ne montre sa lumiere,
Qu'vn iour il ne reuienne à sa gloire premiere;
Tu ne luy dois pas moins, iuste Ciel. Mais ie voy
Menipe de retour qui s'en vient deuers moy.

✿✿✿✿✿✿✿✿✿✿✿✿✿✿✿✿✿

MENIPE.
Madame, tout va mal; vn demon de malice.....
CAMILLE.
Acheue, à découuert ton secret artifice?
Parle, tu me verras preparée à tout cas;
Fust-ce ma mort, ô Cieux! ne la differez pas.
MENIPE.
Non, tout a reüssy du costé de ma feinte,
L'artifice à porté, ce n'est pas là ma plainte;
Mon Maistre d'asseurance a veu le Chappelet,
Treuué l'inuention (remise en vn filet)
De casser tous les grains, & par ordre d'élire
Les billets enfermez, pour les ioindre, & les lire;
Le tout est arriué selon nostre proiet,

J'en suis trop asseuré ; ce n'est pas le suiét
Du mal-heur qui nous blesse, & que ie viens
d'apprendre.

CAMILLE. (l'entendre.
Qu'est-ce encore ? tu crains, mon cœur, il faut
MENIPE.
Pleurez Gylas perdu, l'on va l'executer.
CAMILLE.
Comment ? Gylas perdu ? que me veux-tu conter ?
MENIPE.
Que l'eschaffaut l'attend.
CAMILLE.
Bon Dieu !
MENIPE.
L'impatience
Luy seruant de moyens, d'esprit, & de science,
Le pauure mal-heureux s'estoit fait de ses draps
Vne corde à descendre.....
CAMILLE.
Eust-il assez de bras ?
Seroit-il point tombé ?
MENIPE.
Mesme de telle sorte

ALLEMANDE.

Qu'on le r'emporte ainsi qu'une personne morte;
Pris, & iugé d'un temps, on luy va ce matin
Mettre la teste bas.

CAMILLE.

O fureur! ô destin!
Mais parle d'Aristandre, & qu'en dit-on
encore ?

MENIPE.

Qu'il le suyura de prés, & la Cour le deplore,
Chacun le tient pour mort, tous en portent le deüil.

CAMILLE.

Plustost ie descendray viue dans un cercueil;
Qu'on ne l'espere pas, tant que i'auray de l'ame;
Ah! Tyran, tu verras.

MENIPE.

Voyez plustost, Madame,
Felismon qui s'en vient:

[Felismon arriue auec des deffences de l'Empereur]

Auance, cher Amy,
Viens luy rendre le cœur déia mort à demy.

❀❀❀❀❀❀❀❀❀❀❀❀❀❀❀❀❀

FELISMON.

Mais encore l'esprit, mais encore la vie,

Quelque sort mal-heureux qui l'auroit pour-
 suiuie; (serain,
Quelques vents qui pouroient troubler son front
J'apporte à cét orage un Soleil dans ma main:
Madame, quittez-moy tãt de craintes mortelles;
Voicy de l'Empereur des deffences nouuelles,
L'effort plus violent, plus expresses aussi;
Vostre Oncle ne dort pas une heure en ce soucy,
Reposez vous en luy: voila ce qu'il vous mande.

CAMILLE. [Les ayant leuës.]

Ciel! que ta preuoyance est fauorable & grande!
A l'heure que nos maux sembloient estre arriuez
A ce poinct qu'on les croit de remede priuez,
Voila que ton secours nous porte l'esperance,
Dissippe nostre peur, & nous rend l'asseurance:
Puisqu'auiourd'huy le Ciel s'est declaré pour nous,
Allez voir le Tyran, preuenez son couroux;
Moy, ie consulteray le Demon qui m'inspire,
Sur un nouueau moyen qui serue pour escrire
Et pour faire sçauoir le tout à mon Amant.

MENIPE.
[S'en allant auec Felisinon.]

Nous allons trauailler à ce commandement.

ALLEMANDE.

CAMILLE. [Seule.]

Suggere à mon esprit, Amour, quelque ar-
   tifice;
Ou bien si tu voulois me rendre cét office,
Soulage icy ma main, préte luy ton secours;
Bien mieux que le papier tu feras mon discours:
Va le voir de ma part, Amour, ie t'en coniure;
Sa chaine luy sera plus legere, & moins dure,
Les cachots s'ouuriront, le fer s'adoucira,
La nuict deuiendra iour, & l'air s'éclaircira;
L'horreur qui par les yeux tient vne ame en-
   gagée
Ne s'y treuuera point, ou se verra changée,
Et l'éclat des rayons de ta Diuinité
Remplira sa prison d'vne douce clarté:
   Mais si tu veux, Amour, m'obliger, &
   luy plaire,
Va, porte luy mon cœur, ô Demon tutelaire;
Son langage muét dont il sçait luy parler
Luy contera mes maux, poura le consoler.
   Las! ie me flatte en vain dans mes peines
   cruelles;

LA GENEREVSE

Le mal-heur te retient, il a couppé tes aisles,
Tu n'es Dieu que de ioye, & nostre passion
Te treuue rarement dedans l'affliction;
Ie voy bien, il le faut, que ma main te conserue,
Le Ciel veut, cher Amant, que seule ie te serue.

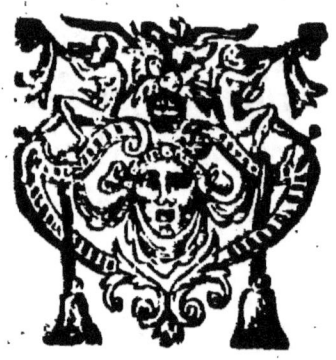

ALLEMANDE. 31

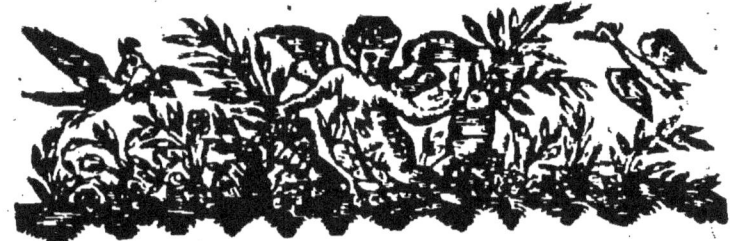

ACTE SECOND.

ARISTANDRE, GEOLLIER,
CORYLEON, CLORIANDE,
ROSELINE, CAMILLE,
ADRASTE, FELISMON.

SCENE I.

ARISTANDRE.   [Dans vn cachot.]

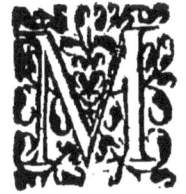E voicy donc en fin ietté dedans ce
lieu,   (vn Dieu,
D'où ne pouroit sortir non pas mesmes
Où mes pas sont bornez de l'ombre
de ma chaine:
Déplorable ioüét d'vne secrette hayne,

LA GENEREVSE

Qui fait vn crime en moy d'auoir esté vainqueur,
Ah! que ces fers aux pieds me pesent dans le
　cœur!
Voicy doncque le prix que i'ay de ma victoire?
Ce peu d'espace enferme enfin toute ma gloire;
Tous les iours à la veille, au combat de ma mort,
Prest de donner la teste à la rigueur du sort,
Moy viuant, ie verray mon honneur en fu-
　mée? 　　　　　　　　　　　　　　(mée?
Doy-ie mourir ailleurs qu'au front de quelque ar-
　Toy perfide Tyran, qui trahis ma vertu,
Prince lâche, & sans foy, que ne me laissois-tu,
Les armes à la main, mourir & me deffendre?
Ta valeur ne l'eust pû, mais ta foy m'a sceu
　prendre;
Combattant pour la vie en vne autre prison
I'eusse fait mon tombeau de ma propre maison,
Aprés t'auoir d'vn coup arraché les entrailles,
Enseuely les tiens sous les mesmes murailles,
Percé de mille coups, de ma mort eschauffé
Dans mon sang & le leur ie me fusse étouffé:
　Mais ie ne l'ay pas fait, & ta foy pariurée,
Sous qui ma perte fut sourdement conspirée,

Se

ALLEMANDE.

Se seruant contre moy des destins & du temps,
Me liure mille morts, pour vne que i'attends:
C'est en vain que tu veux me déguiser ta rage,
On sçait assez d'où vient le vent de cét orage;
Vachles mort ne reuient dedans ton souuenir
Qu'au suiét de ta femme, afin de me punir.

 Encore si tu veux, ie repousse mes plaintes,
Tu m'auras obligé dans toutes ces attaintes,
Et la mort à mon choix ne me refuse pas,
Et permets moy de grace vn glorieux trépas;
Fais moy tenir icy mon espée & mes armes,
Iette moy puis aprés dans l'horreur des allarmes,
A mes pieds à mon front oppose, si tu veux,
Ton peuple & tes Soldats, ie me feray dans eux
A ma gloire en mourant vn chemin honorable,
Ma perte en cét estat me sera fauorable:

 Que n'as-tu ce dessein? traistre, tu n'oserois?
Sur le ventre des tiens tout seul ie passerois,
De tes gens renuersez ie ferois vne échelle
Pour m'éleuer au Ciel d'vne gloire immortelle,
Ie romprois tout obstacle, hommes, fossez, rem-
  parts.

 Mais ie m'éforce en vain, tenu de toutes parts;
        C

LA GENEREVSE

Ie medite le Ciel, frappé de son tonnerre;
Ie vole de l'esprit, les pieds pris à la terre:
Non, c'est trop se flatter, mon cœur, il n'est plus temps, (i'entends?
Tu dois mourir honteux. Mais qu'est-ce que
Le bruit de ces verroux me couppe la parole,
L'horreur me fait trembler, mon courage s'enuole;
Et que seroit-ce? il n'entre icy que des Lutins;
Faut-il ainsi languir en crainte des destins?

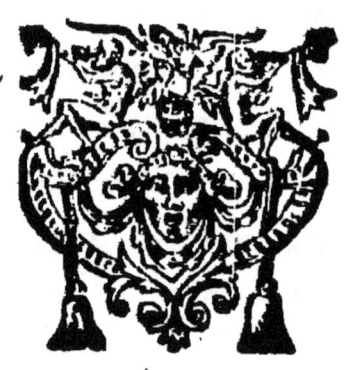

ALLEMANDE.

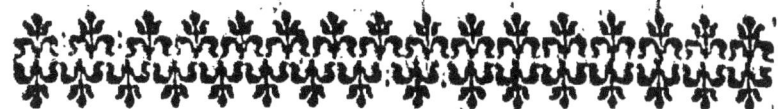

SCENE II.

GEOLLIER, ARISTANDRE.

GEOLLIER.

[Ayant ouuert le cachot en sorte qu'on puisse voir Aristandre.]

Vous consumerez-vous tousiours en voix plaintiue ?
Vous me faites pitié ; non, iamais ie n'arriue
Que pour oüyr icy vos soûpirs & vos cris,
Ils me touchent le cœur & blessent mes esprits;
Ce desespoir enfin vous sied mal, & me fâche;
Souffrez que de vos fers, Monsieur, ie vous détache.

[Il luy leue sa chaine.]

ARISTANDRE.

Non, ne me cele rien, dy le, puis qu'il le faut;
Est-ce pour exposer ma teste à l'échaffaut?

LA GENEREVSE

GEOLLIER.
N'aurez-vous en l'esprit iamais autre pensée ?

ARISTANDRE.
Que peut moins, que de craindre, vne ame si
    pressée ?

GEOLLIER.
Pûssé-ie vous tirer de prison tout à fait,
Comme de ces lyens.

ARISTANDRE.
           Moy, payer ce bien-fait.

GEOLLIER.
[Le menant du cachot sur le Theatre où est representée
    vne Sâle.]

Sortez, venez à l'air.

ARISTANDRE.
           Faut-il que ie te voye ?
Ciel !

GEOLLIER.
[Luy donnant vn bâton ferré au bout, & creusé un
    dedans, où est resserrée & cachée vne lettre.]

Tenez ce bâton ; Camille vous l'enuoye,
Pour vous seruir d'appuy.

ALLEMANDE.

ARISTANDRE. [Parlant bas.]
      Ce n'est pas sans suiét,
Le mystere est couuert. Amy, que cét obiét
Me plaist, & me déplaist ! ie connoy par luy
 mesme   (trême.
Et mon mal-heur ensemble, & son amour ex-

GEOLLIER.
Promettez-moy, Monsieur, de chasser ces ennuis.

ARISTANDRE.
Fais moy doncque mourir.

GEOLLIER.
      Vous viurez, si ie puis;
Ie voudrois vous pouuoir deliurer au contraire.

ARISTANDRE.
Qu'est-il, si tu voulois, que tu ne pûsses faire?

GEOLLIER.
Si ie voulois? Monsieur, & ne sçauez-vous
 pas
Qu'aucun secours ne peut vous venir sur mes pas?
Qu'entré, l'on tient sur moy quatre portes fer-
 mées
Telles qu'à les forcer il faudroit des armées.

C iij

LA GENEREVSE

ARISTANDRE.

Aristandre sans crainte, & seul, l'entrepren-
droit.

GEOLLIER. (droit;
Que dittes-vous? vn Dieu vainement s'y per-
Ce vœu ne peut partir que d'vne ame égarée:
Voyez-vous pas comment cette sâle est barrée?
A moins que de manger les pierres & le fer
On n'en pouroit sortir, ce lieu semble vn Enfer.

ARISTANDRE.

Encore Alcide y pût secourir vn Thesée.

GEOLLIER.

Sa deliurance fut, ie diray, plus aisée;
Toutes deux dans la fable, impossibles i'entends.

ARISTANDRE.

Donc il y faut mourir, & qu'est-ce que i'attends?

GEOLLIER.

Que de ce lieu mortel sa Maiesté vous tire,
Que le Prince appaisé.....

ARISTANDRE.

Dieux! que peux-tu me dire?

GEOLLIER.

Vn destin si sanglant se change desormais.

ALLEMANDE.
ARISTANDRE.
Tu me parles d'un temps qui ne viendra ia-
  mais.
GEOLLIER. (cuiure,
Que sçauez-vous? Cét Astre & de sang & de
Aprés auoir bandé sa force à vous poursuiure,
Saoulé de sang humain enfin, s'arrestera,
De celuy de Gylas il se contentera ;
Sa teste, qu'on a veuë en butte pour vne autre,
Aura flechy le Prince, & payé pour la vostre.
ARISTANDRE.
Comment ? que me dis-tu ?
GEOLLIER.
  Gylas executé.
ARISTANDRE.
De ce destin mortel où me vey-ie porté ?
Qu'vne teste innocente ait payé pour la mienne ?
Ah ! meurtriers ! ah ! bourreaux ! ie vangeray
  la sienne,
Le premier qui viendra ie le veux étouffer,
L'immoler aux fureurs que ie sens m'echauffer :
Montrez vous, approchez, venez, sanglants
  ministres,

C iiij

Satellites du fort & des Parques sinistres,
Prince, Tyran, bourreaux, tous ensemble mêlez,
Ouurez, ie vous attends : Et quoy ? vous reculez ?
Supplices des humains, Erynnes de la terre,
Qui ne soufflez qu'horreur, que souffre, que ton-
    nerre,
Pestes, qui ne viuez que de meurtre & de sang,
Venez, pour vous saouler, ie vous tendray le
    flanc ;
Ne sçaurois-ie treuuer vn fer qui me soulage ?
    [Il cerche par tout le Theatre quelque chose
        pour se tuer.]
    Prestez donc, ô mes mains, vos ongles à ma
        rage,
Mes charitables mains, aydez à mon courroux,
Sus, cerchez moy le cœur, & le creuez de coups :
Peureuses, vous tremblez ; ah ! ce respect m'irrite,
Ma fureur vous absout, mon cœur vous sollicite ;
Courage, arrachez-moy les yeux, & les cheueux,
Ouurez mon estomach, tuez moy, ie le veux :
Qui des deux m'ayme plus ? que celle-là com-
    mence ;
Plus chere m'est icy celle qui plus m'offence :

ALLEMANDE. 41

Ma dextre, encore as-tu pour armes vn bâton;
Pousse le dans mon cœur, tires-en à tâton
L'ame chaude, boüillante, & toute rouge encore.

[Il se met à genoux regardant la petite poincte de fer
qui est au bout de ce bâton, dont il se veut tuer.]

Auant que de mourir, petit fer, ie t'adore,
Beau present de Camille! Ah! ie l'entends assez,
Ie voy pendre à ce bout tous mes mal-heurs passez;
Par là ne dis-tu pas, Camille, que ie meure?
Ouy, ie t'obeiray iusqu'à la derniere heure;
Voy comme ie chery ce qui me vient de toy,
Ie l'enuoye à mon cœur, c'est vn coup de ma foy;
Enfonce là dedans, sois cruelle à me plaire,
Pousse, ma main.

GEOLLIER.

O Ciel! & que voulez-vous faire?

ARISTANDRE.

Vn coup digne de moy; tu t'opposes en vain.

GEOLLIER.

Ie vous empécheray.....

ARISTANDRE.

De mourir?

LA GENEREVSE

GEOLLIER.   Dans mon sein
Ie tourneray pluſtoſt & le coup, & l'attainte.
ARISTANDRE.
Ta bonté me déplaiſt ; va, laiſſe-moy.
GEOLLIER.
La crainte
Ne m'obligera pas à vous plaire en cecy.
ARISTANDRE.
I'aſſembleray ma force.
GEOLLIER.
Et moy la mienne auſſi.
AISTANDRE.
C'eſt trop.
[Ils ſe tirent ce bâton, qui eſtant creus & couppé par la moitié, chaque bout leur demeure à la main, & vne lettre tombe au milieu d'eux, que le Geollier releue.]

Ah ! qu'ay-ie fait ? la ruſe eſt découuerte ;
Mon imprudence en fin me cauſera ma perte,
D'vn coſté ie la cerche, & de l'autre elle vient ;
La tienne preuiendra, meſchant, qui me retient ?
GEOLLIER.
[Se iettant à genoux pour l'appaiſer.]
Hola, Monſieur, pardon.

ALLEMANDE. 43
ARISTANDRE.
   Donne moy cette lettre.
GEOLLIER.
[Luy donnant la lettre.]
Auec elle ma vie encore, pour la mettre
A tout ce qui poura vous plaire & vous seruir.
ARISTANDRE.
Cette rare bonté se iouë à me rauir.
GEOLLIER.
Cecy passe le ieu, comme vostre esperance;
En ma fidelité prenez de l'asseurance:
I'ay pitié de voir perdre vn homme comme
  vous,
Ie vous seruiray d'ame & de cœur contre tous,
Prest à tout hazarder pour vous tirer de peine,
I'entre dans vos destins, vostre fer est ma chaine;
Retirez vous, Monsieur, & vous fiez en moy.
ARISTANDRE.
O Ciel! Plus qu'à luy-mesme auiourd'huy ie te
  doy.
GEOLLIER.
Que pûssiez-vous deuoir la vie à mes seruices.
 Mais tandis que i'auray recours aux artifices,

Voyez ce qu'on vous mande, & prest à reuenir
Ce que vous escrirez ie le feray tenir;
Voila par vn bon-heur le papier, & la plume.
ARISTANDRE.
Pouray-ie m'y fier?
GEOLLIER.
La foudre me consume,
Au cas.....
ARISTANDRE.
N'acheue point, i'offence ta vertu.
GEOLLIER.
Pour resoudre ce poinct ie l'ay bien débattu;
Mais ie suis immuable à quoy que ie m'engage.
ARISTANDRE.
La douceur de l'humeur & celle du langage
Démentent sa bassesse, & sa condition.
GEOLLIER. [Il le remet à sa chaine.]
Monsieur, ne doutez point de mon affection;
Ie mouray courageux à ces pieds que i'enferme.
ARISTANDRE.
Tu m'enchaines le cœur d'vn lyen bien plus ferme.

ALLEMANDE.

SCENE III.

CORYLEON, CLORIANDE, ROSELINE, EXEMT, ET SES GARDES.

CORYLEON. [Parlant à sa Sœur.]

Non, toutes vos raisons ne sçauroient l'excuser,
Mon amitié s'en plaint, & c'est en abuser ;
Retirez vous, ma Sœur, vne grace derniere
Garde vn mot en secret à cette Prisonniere.

CLORIANDE.
[S'en allant auec les Gardes.]
Que ce mot à mes soins causera de discours !
Qu'en luy vostre fureur prenne vn paisible cours.

CORYLEON.
[Seul auec Roseline.]
Enfin ie suis à moy, mais plustost à la rage ;

Quoy ? ie cerche ma main, elle me fuit ; courage !
Commence, ma fureur, elle attend aprés toy :

[Il tire vn poignard pour luy planter dans
le sein.

Déloyale, voicy qui parlera pour moy,
Ma main fait mon discours tout prest à te confondre.

ROSELINE.

[A genoux, & luy tendant le sein.]

Dépêchez, ie l'entends, mon sang luy veut répondre :
Mon cœur s'enfle d'orgueil en ce bon-heur nouueau
D'auoir à mon trépas vn si noble Bourreau ;
S'il merite la mort, qu'elle vous satisfasse ;
Ne la meritant point, encore est-ce vne grace :
Ah ! que ce coup m'est doux, qui m'oblige en mourant !

CORYLEON.

Change l'eau de ses yeux, & rougy ce torrent :
C'est trop.

[En la pensant frapper, le poignard luy tombe
des mains.]

ROSELINE.

Oüy, de faueur, pour vne mal-heureuse.

ALLEMANDE. 47

CORYLEON.
Mais le poignard échappe à ma main rigoureuse.

ROSELINE.
Ah! le traistre, l'ingrat, c'est plustost à mon sein.

CORYLEON.
Que croiray-ie? sinon qu'il est de son dessein?
O Dieux! tout me trahit! qui faut-il que ie blâme,
Mon cœur, l'amour, ma main, le poignard, ou ma femme? (pitié,
Vous ne me vaincrez pas, Cieux, destins, ni
Non, vous ne triomphez encore qu'à moitié;
Ie veux que pour témoin de vostre lâche enuie
Son tourment dure autant que ma haine, & sa vie,
Qu'elle-mesme en viuant ait dequoy murmurer
De n'en pouuoir sortir, non plus que l'endurer;
Ie veux qu'vne prison ne luy parle à toute heure
Que de combien la mort est plus douce & meilleure:
C'est vn poinct resolu. Gardes, venez icy.
[Les Gardes retournent sur le Theatre.]

ROSELINE.

Me refuser la mort, & me traiter ainsi?
Nature, ouure l'Enfer, caches-y ton ouurage.

CORYLEON.

C'est trop, tu n'en verras en viuant que l'image;
Allez, qu'vne prison dans l'horreur & les fers
Montre au moins à ses yeux le tableau des
    Enfers.

ROSELINE.

Ton cœur le montre mieux, où sont tant de furies;
Mais lâche les sur moy.

CORYLEON.

              C'est assez, tu me pries:
Qu'on me l'oste d'icy; puis qu'elle veut mourir,
J'ordonne qu'elle vive, & ie la veux nourir,
Du sang que versera ce Mignon qu'elle adore.

ROSELINE. [S'en allant.]

Ie plains cét Innocent plus que moy-mesme
    encore.

CORYLEON.

Innocent? vn perfide; oüy, pleure son trépas,
L'Empereur, ni le Ciel, ne l'empêcheroient pas.

SCENE IV.

ALLEMANDE.

SCENE IV.

GEOLLIER, CAMILLE.

[Déguisée en Valet portant le tablier & la truelle de Masson.]

GEOLLIER.

Vous auez entendu l'estat de ma fortune
Inhumaine tousiours, & tousiours importune;
Le bien m'accompagna seulement au berceau,
Et le mal me suiura iusques dans le tombeau;
Au milieu des tourmēts, & mesme en l'infamie
Ma naissance trop noble est ma seule ennemie;
Que n'ay-ie moins de cœur, ou moins d'aduersité!

CAMILLE.

Il faut donner un temps à la necessité,
Qui peut estre constant n'est iamais miserable;
Il est vray que ton sort me semble déplorable,
Et que le souuenir des biens qu'on a perdus

D

LA GENEREVSE

Touche plus que les maux quand ils sont atten-
dus; (re,
Mais celuy qui changea ta fortune dés l'heu-
La peut changer encore, & la rendre meilleure.

GEOLLIER.

L'esperance pour moy ne fut iamais un bien;
Le mien, c'est de n'auoir & de n'attendre rien;
On n'a presque autre mal que le bien qu'on espere.

CAMILLE.

Il n'est pas qu'un bon cœur à la fin ne prospere:
Le Ciel nous garde vn bien, qu'il semble nous ca-
cher;
Ne peut-on pas l'auoir? il le faut arracher:
Vois-tu comme ie fay ce que ie te conseille?
Que ie demãde au Ciel par force vne merueille?
Cét habit & mon fort ne te disent-ils pas
Que la vertu de tout se forme des appas?
Vois comme il faut domter la fortune enuieuse;
Vois de la pauureté l'image glorieuse;
Considere en nous deux qu'un courage constant
Tient mal-heureux le Maistre, & le Valet
content.

ALLEMANDE.
GEOLLIER.
Iudicieux Valet, qui se rend cét office,
A qui le Maistre mesme a voüé son seruice,
A qui deuroit vn iour l'Vniuers obeir.
CAMILLE.
Me flatter maintenant c'est presque me trahir,
Nostre condition te le semble deffendre,   (dre:
Et ie ne voudrois pas que l'on nous pûst enten-
Continuons la feinte, & dedans son regrét
Donnons à ton Captif vn plaisir si secrét.

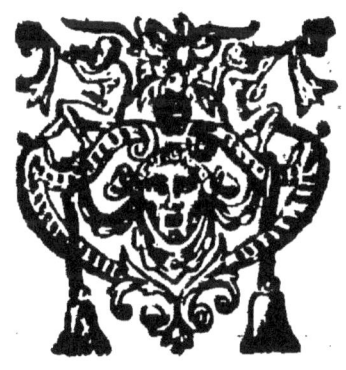

D ij

LA GENEREVSE

SCENE V.

ARISTANDRE, CAMILLE, GEOLLIER.

ARISTANDRE.

[Seul, & dedans le Cachot.]

Miserable, es-tu mort? ou si tu penses viure
Parmy tant de trauaux que le destin te liure?
Cette nuict, cette horreur, l'outrage, & le tourment,
Font-ils pas de ce lieu l'Enfer d'vn pauure Amant?
S'il est priué de bien, de joye, & de delices,
Tous les objects d'icy ne sont que des supplices;
Ie me puis dire vn Ombre, vn fantosme amoureux,
Ils parlent comme moy, moy ie souffre comme eux;
Le Soleil chez les Morts ne peut iamais descendre,

ALLEMANDE.

S'il éclairoit icy, ce seroit de la cendre ;
La douleur & l'amour, de ce corps que i'auois
Ne m'ont laissé du tout que le cœur & la voix,
Et gardent à mes feux qu'ils ne peuuēt esteindre
Le cœur pour endurer,& la voix pour me plain-
  dre ;
Encore cette voix, afin de dire mieux, (lieux,
N'est qu'vn Echo des cris que i'ay faits en ces
Et ce cœur où l'amour a retiré mon ame, (flame;
N'est rien qu'vn feu d'essence, & l'esprit d'vne
Tellement que n'ayant autre chose du mien,
Sans aymer & souffrir, ie ne serois plus rien :
O Dieux ! qui donnez cours à mon mal-heur ex-
  tréme,   (me ;
I'aymeray de souffrir, & vous, souffrez que i'ai-
Non, ie ne vous demande ou de vie ou de iour,
Que ce qu'il en faudroit pour expirer d'amour,
Et rendre à ma Maistresse vne preuue certaine
De mon ressentiment, & du fruict de sa peine:
Ou si c'est trop, ô Dieux ! accordez à ma foy,
Comme ie vis en elle,& qu'elle meurt en moy,
Si mon trépas deuance ou borne sa victoire,
Qu'à la fin mon tombeau soit le prix de sa gloire.

D iij

LA GENEREVSE

Mais vous n'en ferez rien, Tyrans mali-
     cieux,   (Cieux;
De ce qu'on souffre en Terre, on en rit dans les
Mon sort contagieux & qui se communique
Fait de mon seul mal-heur vne peste publique,
Et parmy la rigueur de mes trauaux diuers
Ie suis, en me perdant, pour perdre l'Vniuers:
Ie rends de tous plaisirs vne Cour orpheline,
Mon destin a perdu Vachles, & Roseline,
Par moy Coryleon ne vit plus qu'en fureur,
Cloriande qu'en peine, & la Cour en horreur:
Mais toy, de qui les soins dauantage m'affligent,
Qui pour trop m'obliger presques me desobligent,
Camille, qu'attends-tu? mon mal-heur & tes
     vœux   (tous deux;
N'auront qu'vn seul destin, pour nous perdre
L'iniustice & les Cieux ont arresté ma perte;
Et n'osant t'assaillir par vne force ouuerte,
De peur que la vertu leur reprochast ce tort,
On te bat de mes coups, pour mourir de ma mort:
Cruel, iniuste sort! en ta rigueur extréme
Faut-il pour me punir passer hors de moy-mesme?
De la faute d'vn seul faire deux malheureux?

ALLEMANDE. 35

[Camille & le Geollier seront au dessous de sa grille qui l'auront ouy dire tout.]

CAMILLE. [L'interrompant.]
Ouy, car tout est cōmun à deux cœurs amoureux.
Le mien m'échappe, Amy, ie ne puis plus l'entendre;
Ouure, dépesche tost.

ARISTANDRE.
[Ne sçachant d'où vient cette voix.]
Dieux ! qui parle ?

CAMILLE. [L'appellant.]
Aristandre !

ARISTANDRE.
Qui me respond ?

CAMILLE.
Mon ame !

ARISTANDRE.
Oracle iniurieux......

CAMILLE.
[Se faisant voir à luy, le Cachot ouuert.]
Que prononce Camille, & que dōnent les Dieux;

D iiij

LA GENEREVSE

Ne sont-ce pas les Dieux qui m'obligent à pren-
dre, (dre?
Si ton mal-heur le veut, vn tombeau dans ta cen-

ARISTANDRE. (ie voy?

O Dieux! qu'ay-ie entendu? mais qu'est-ce que
Deux miracles vrayment qui surpassent ma foy:
Ah! Camille.

CAMILLE.

Ah! ma Vie.

ARISTANDRE.

Amour! est-il croyable
Que ce lieu desormais me paroisse effroyable?
Doncque ie voy reluire vn Soleil aux Enfers?
Le plaisir se vient rendre au milieu de mes fers,
Et le Ciel, r'acourcy dans le sein de la terre,
Pour montrer tous les feux que son espace enserre,
Et faire d'vn Cachot vn nouueau Firmament,
Ne me presente icy que deux yeux seulement:
Ou luisez-vous? beaux yeux! quelle est cette ad-
uanture? (Nature?
Qu'vn pauure habit nous cache vn tresor de
Que c'est mal enchasser vn diamant si beau!
C'est vestir le Soleil d'vne ombre & d'vn tõbeau:

ALLEMANDE.

Et toy, que mon amour appelle son Aurore,
Qui conduis en ce lieu cét Astre que i'adore,
Oste moy ces lyens, ses yeux en ont assez
Qui me tiennent le cœur & les sens enlassez;
Ajouste à la premiere vne seconde grace,
Que sans empechement, & libre, ie l'embrasse.

GEOLLIER.
[Luy ostant sa chaine.]

Que ce petit seruice au dessous de mes vœux
N'est a la fin suiuy des effects que ie veux.

ARISTANDRE.
Amy, dans ta bonté.....

GEOLLIER.
Monsieur, le temps nous presse.

ARISTANDRE.
Que ta vertu reluit ! Et bien, chere Maistresse,
Il faut doncque souffrir que sa fidelité.....

CAMILLE.
Soit memorable vn iour à la posterité :
Si vous le connoissiez, sa fortune est estrange ;
En cét infame estat où son malheur le range
Il est plus déguisé que moy-mesme en ces lieux ;

Luy mesme une autrefois vous le peut dire
    mieux,
A d'autres entretiens cette heure nous appelle.
ARISTANDRE.
Ie le croy de Maison, l'apparence en est telle,
Son esprit, son discours, & sa foy me l'ont dit,
Que ie doy reconnoistre, ou mourir sans credit.
GEOLLIER.   (coniure.
Employez mieux ce temps, Monsieur, ie vous
ARISTANDRE.
Est-il faueur plus rude, & plus honneste iniure?
Il luy faut obeïr, nous sommes sous sa loy.
CAMILLE.
Ouy, car il est mon Maistre.
ARISTANDRE.
            Et c'est un Dieu pour moy.
GEOLLIER.
Ie le desirerois, pour vous tirer de peine.
ARISTANDRE.   (maine:
Qui sans vous me seroit beaucoup moins inhu-
Tous vos bien-faicts ne vont qu'à ma côfusion;
Vous puis-ie voir, Madame, à mon occasion

ALLEMANDE.

Tousiours dans les souspirs, & tousiours dans les larmes? (armes?
Qu'attendrons-nous enfin d'Adraste, & de ses
A-t'il receu ma lettre? & n'est-il pas venu?
Ne m'est-il plus amy? qui l'auroit retenu?
Ses soldats dorment-ils? ou suis-ie encore en vie?

CAMILLE.

Ie croy que l'entreprise enfin sera suiuie
De tous les fruicts heureux qu'apporte un bon conseil;
J'ay fait à nos desseins vn secret appareil, (clorre,
Qu'Adraste & ses soldats en peu viendront es-
S'il accorde à mes vœux le secours que i'implore;
Felismon est allé le treuuer de ma part.

ARISTANDRE.

Il manquera peut-estre, ou ne viendra que tard:
Tous ses desirs pour moy n'ont esté que fideles;
Mais..... CAMILLE.
       La seule amitié luy donnera des aisles.
ARISTANDRE. (couper.
Mon malheur plus puissant les luy pouroit
GEOLLIER. (per.
Parlez bas, quittez vous, on marche, i'oy frap-

LA GENEREUSE

CAMILLE.
Qui nous surprend?

GROLLIER.
O Dieux! Cloriande en personne.

CAMILLE.
Je tremble à son abord.

GEOLLIER.
Cét accident m'estonne.

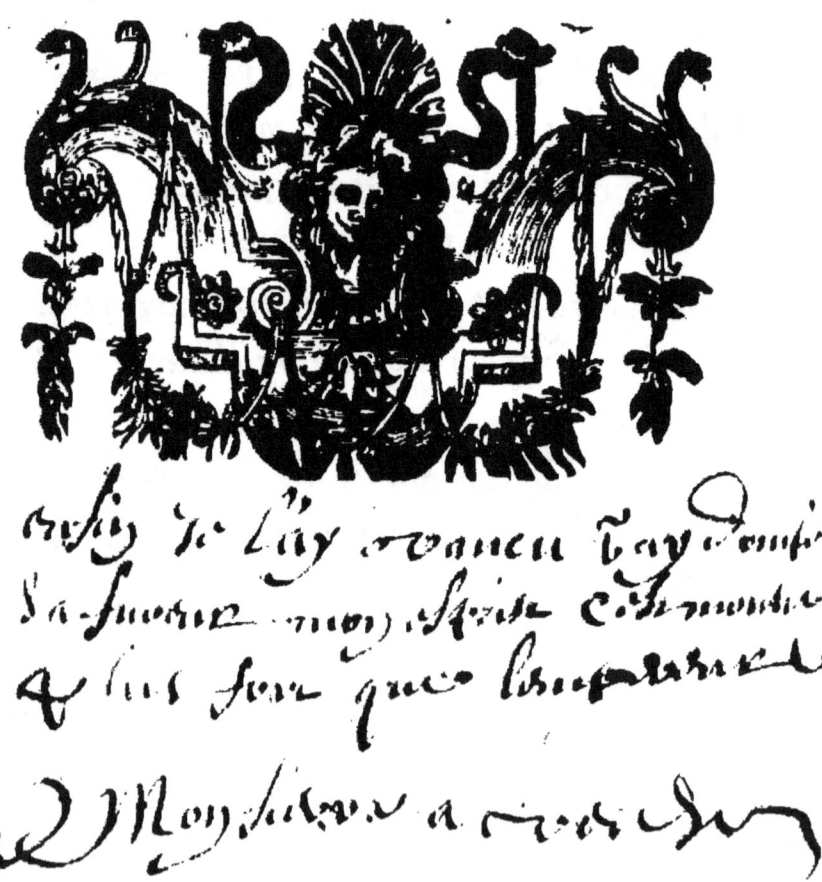

ALLEMANDE.

SCENE VI.

CLORIANDE, GEOLLIER, CAMILLE, ARISTANDRE.

CLORIANDE.

ENfin ie l'ay vaincu, i'ay domté fa fureur,
Mon efprit s'eft montré plus fort que l'Empereur,
Mon Frere a relafché, fa colere s'appaife;
Ie te puis voir encore, Ariftandre, à mon aife,
Et te dire le droiĉt que ma proteĉtion
Merite deformais en ton affeĉtion:
 Mais que l'occafion fauorife ma peine!
Tiré de fon cachot le Geollier l'ameine:
Vn tiers eft auec eux.   [Elle parle au Geollier.]
     Quel eft ce beau Garfon?

GEOLLIER. (fon:

C'eft mon valet, Madame, il eft fils d'vn Maf-

LA GENEREVSE

Ie l'ay conduit icy.....

CAMILLE. [Parlant bas.]
Iustement à sa perte.

GEOLLIER. (uerte.
Pour mettre quelque pierre en la muraille ou-

CAMILLE. [Parlant bas.]
Ie la porte vrayment cette pierre en mon cœur,
Il est plus froid que marbre, & n'a plus de vigueur.

CLORIANDE.
[Ayant regardé Camille long-temps.]
Telle profession fait honte à son visage,
Et ces traits ne sont pas propres à cét vsage.

ARISTANDRE. [Parlant bas.]
Ouy, tout est découuert, n'en attends rien de mieux.

CLORIANDE.
Il a ie ne sçay quoy d'agreable en ses yeux;
Quel est son nom?

GEOLLIER.
Niais; c'est la sottise mesmes
Voyez ce front baissé, voyez luy ce teint blesme,
Qui dans vn sot respect marquent sa lescheté;
Ces pâles traits de Gueu les nõmez-vous beauté?

ALLEMANDE.

ARISTANDRE.   [Parlant bas.]
Que sa feinte rigueur me plaist, & qu'elle est douce!
Qu'elle vient à propos!

GEOLLIER.
Marche, quand on te pousse;
Il a les pieds pesants de mesme que l'esprit.

CLORIANDE.
Les coups ne chassent point sa grace qui me rit;
Ie l'admire; & connoy.....

ARISTANDRE.   [Parlant bas.]
Sans doute nostre feinte.

CLORIANDE.
Que tu luy perds le cœur & l'esprit dãs la crainte;
Traites-le, ie le veux, un peu plus doucement:
Retirez-vous d'icy tous deux pour un moment.

GEOLLIER.   [En se retirant]
De combien de frayeurs ce moment nous deliure!

CAMILLE.
Ie pense qu'en luy seul ie commence de viure;
Que ne suis-je dehors! Escoutons neantmoins.

CLORIANDE.
Aristandre, ie prends tous mes soins à tesmoins,

Et l'Hydre de tes maux sans cesse renaissante,
Si quelque affection fut iamais plus puissante
Que celle qui par moy te conserue auiourd'huy.

CAMILLE.

[Parlant bas, & l'écoutant.]

Il faudroit donc oster celle que i'ay pour luy.

CLORIANDE.

Tes maux & mon secours te disent que ie t'ayme;
Tu ne vis que par moy, ne vy que pour moy-mesme;
Peux-tu me refuser ce qui semble estre à moy?

ARISTANDRE.

Et bien, tenez ma vie, une autre tient ma foy;
Ie sçay que ie vous doy cét air que ie respire,
Que mon salut dépend des loix de vostre empire.

CAMILLE. [Parlant bas.]

Dy de sa tyrannie, & de sa passion.

ARISTANDRE.

Mais ce bien qui me vient de vostre affection,
Ne me le donnez-vous que par le prix d'vn crime?
Puis-ie viure, & quitter la flame qui m'anime?

CLORIANDE.

ALLEMANDE. 65

CLORIANDE.
Cette flame imprudent, qui t'auroit fait mourir,
Sans la mienne, qui pût seule te secourir.

ARISTANDRE.
Au contraire, en mes maux c'est elle qui m'assiste,
Son amour réioüit cette demeure triste.

CLORIANDE.
Elle te donne donc un bien qu'elle n'a pas (pas ?
Son cachot & le tien n'ont-ils point quelque ap-
Tout son plaisir n'est plus qu'à cercher une
      porte   (porte.
Pour sortir, en mourant, des maux qu'elle sup-

ARISTANDRE.
[Regardant Camille qui estoit derriere la porte du
      Cachot & la tenoit.]
Elle ne cerche pas ce qu'à l'heure elle tient.

CAMILLE.   [Parlant bas.]
Il passe trop auant ; Dieux ! iusqu'où l'on en
     vient ?

GEOLLIER.   (autre :
Il luy répond de vous, mais elle entend d'une
Escoutons leur discours, & finissons le nostre.

E

LA GENEREVSE

CLORIANDE.
On luy ferme un chemin, que chacun treuue ouuert.

ARISTANDRE.
Elle y sçait bien venir, elle l'a découuert.

CLORIANDE.
En vain le voulut-elle; on la detient captiue,
Et pour son plus grand mal on permet qu'elle viue:
Mais change cet amour.

ARISTANDRE.
Iamais.

CLORIANDE.
Romps ce lyen.

ARISTANDRE.
Il est trop fort.

CLORIANDE.
Et prends en moy-mesme ton bien.

AISTANDRE.
Ie n'en veux iamais d'autre, & n'en auray (qu'en elle.

CLORIANDE.
Qu'attends-tu d'vne infame, & d'vne criminelle?

ALLEMANDE.

ARISTANDRE. [Se declarant ouuertement.]
Ah! Madame, c'est trop, vous passez à l'excez;
Si Camille n'a point vn plus heureux succez,
Nostre amour pour le moins n'a ni honte ni vice;
Sa gloire est dans mes fers, la mienne en son ser-
uice.

CLORIANDE.
Quoy? Roseline enfin luy cedera le lieu?

ARISTANDRE.
C'est ce que veut le Ciel, & que feroit vn Dieu.

CLORIANDE.
Qu'encore à celle-cy ie serue de seconde?

ARISTANDRE.
Elle n'en eut iamais & n'aura dans le monde.

CLORIANDE.
Tout ainsi que ma Sœur, Camille aura son tour

ARISTANDRE.
Ie l'aymay de respect, de deuoir, non d'amour.

CAMILLE. [Parlant bas.]
Ie serois trop heureuse, ô Dieux! l'osay-je croire?

CLORIANDE.
Ainsi de mes bien-faicts tu perds toute memoire!

ARISTANDRE.
Nullement, ie les porte empraints dedans le cœur.
CLORIANDE.
Pour les y mettre aux pieds d'vn ennemy vain-(queur,
Qui superbe y regnant en fera ses trophées ;
C'est ainsi que tu rends mes plaintes estouffées ;
Ingrat, me veux-tu perdre, en te donnant se-
    cours ?
Que veux-tu ?
ARISTANDRE.
Par ma fin celle de vos amours.
CLORIANDE.
Ouy, méchant, tu l'auras. Mais ma rage allu-(mée
Fait des desirs de feu, qui s'en vont en fumée ;
Ie ne viuray iamais, si ie le fay mourir ;
A tout autre dessein il me faut recourir :
Vis, cruel, insensible, & triomphe, barbare,
Obiét seul, & témoin d'vne amitié si rare.
GEOLLIER. [Parlant à Camille.]
Retirons-nous plus loin, qu'elle ne treuue icy
Vn objét de sa haine, & deux témoins aussi.
CLORIANDE.
Iamais affection ne fut plus irritée,

ALLEMANDE.

Plus forte, ni plus digne.....

ARISTANDRE.

Ou si peu meritée;
Madame, c'est icy l'excez de mon malheur.

CLORIANDE.

Que tu nouris, ingrat, ta peine, & ma douleur;
Ie te feray sentir.... Mais la foible vengeance!
Ie ne puis contre luy que manquer d'allegeance;
Mes coups me blesseroient la premiere auant luy;
Ciel! tu n'as point de Dieux pour guerir mon
  ennuy.   [Elle s'en va en colere.]

ARISTANDRE.

Elle me fait pitié, mais plus de mal encore;
Ce Soleil se couchant va perdre mon Aurore:
   [Camille retournant auec le Geollier.]
Non, ie la voy qui vient; ô l'effect nompareil!
L'Aurore à cette fois a chassé le Soleil.
  Et bien, la verité vous est-elle connuë?
Luy pouuez-vous encore opposer quelque nuë?

GEOLLIER.

   [Le voulant remettre à la chaine.]
R'entrez, dépéchons-nous; la Princesse m'attend.

E iij

CAMILLE.

Aristandre, il est vray que mon cœur est content ;
Ton amour ne me fit iamais plus de caresse,
Ie suis de Valet feint veritable Maistresse ;
Mais ie veux, si le Ciel n'en abrege le cours,
Te faire en peu de temps le Maistre de mes iours.

ARISTANDRE.

Et les miens n'auront plus de Soleil que vous-mesme,
Que ie veux faire voir sur le riuage blesme,
Et conseruer icy, pour combattre le sort
Entre la nuict, l'horreur, le peril, & la mort.

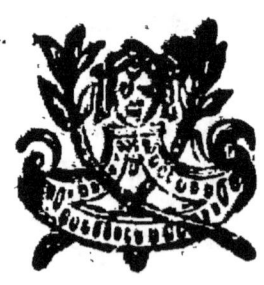

SCENE VII.

ADRASTE, FELISMON.

ADRASTE.

Q̃V'on tienne en vn cachot la Vertu prisonniere?
Qu'vne action si belle efface sa lumiere?
Dis-tu que l'échaffaut par deux fois fut dressé?
Ah! ce recit cruel me rend tout insensé;
Amy, ie me serois perdu pour ta deffence,
De son sang le Tyran m'eust payé cette offence:
Encore n'est-il pas asseuré du danger,   (ger,
Trois mille hommes que i'ay sçauront bien le ran-
Prests à se retirer, ils m'aymeront mieux suiure
Que de languir chez eux inutiles à viure,
Ie leur ferois forcer les Astres & les Dieux,
Auec eux i'oserois entreprendre les Cieux:
Et que la Sylesie, & qu'vne seule Ville

S'opposast à leur front de deffence inutile?
Ce n'est pas le trauail d'vne nuict seulement.

FELISMON.

Monsieur, il faut agir icy subtilement;
On n'y veut pas entrer par vne force ouuerte,
L'entreprise doit estre & discrette, & couuerte;
Aule ne se peut pas battre d'vn coup de vent,
Vous vous y pourriez perdre & les vostres deuant;
Peu de peine & de bruit nous la doit rendre nostre,
Menacée en vne heure, & prise dans vne autre:
Camille a des moyens deia prests à la main,
Qui passent & l'esprit de son sexe, & l'humain;
On vous fera sçauoir le lieu, la force, & l'heure
Qu'en vn si grand dessein l'on trouuera meilleure;
Sans paroistre, & couuert, tenez-vous cependant
A quelque peu de là, tousiours en attendant,
Espandez vos soldats de loin par les villages,
N'approchez que d'vn iour Aule, ou ses voisinages;
Bref, ne remuez rien, que vostre argent touché,
Tousiours prest à partir, & tousiours embusché:

ALLEMANDE.

Voila, Monsieur, en peu ce que l'on vous propose.

ADRASTE.

Mon courage m'inspire & medite autre chose:
Toutefois ie suiuray ce que l'on m'a mandé;
Qu'on sçache qu'vne fille enfin m'a commandé;
Ouy, ie prends son desir pour le mien, & pour ordre,
Son vouloir est ma loy, ie n'en veux pas démordre.

O diuine Amazone! ô fille! que veux-tu?
Est-il encore au Monde vne telle vertu?
Si le siecle en pouuoit produire de semblables,
Le monde reuiendroit à ses premieres fables;
Comme iadis Hercule, Adraste fileroit,
A la honte du sexe, & Camille armeroit;
Les Marys deuiendroient esclaues de leurs femmes, (mes,
Portant le fer en main, & dans les yeux les fla-
Le courage, l'ardeur, le fiel, & le courroux,
Tous détrempez d'appas, leur sieroient mieux qu'à nous; (mes
La Beauté seroit masle, & l'horreur des allar-

Au milieu du carnage auroit mesme des char-
  mes,
Ce ne seroit plus qu'vn, la grace & la valeur;
Sans espine on verroit nous rire toute fleur;
Les femmes n'auroient plus ni ialoux ny barba-
  res,   (auares
L'amour seroit sans crainte, & leurs faueurs
S'offriroient librement à qui plairoit le mieux,
Les moins parfaits seroient punis deuant leurs
  yeux;
Et le sot seulement se verroit miserable:
   Tu serois, Aristandre, vn Dieu de cette fable;
Ces Dames, dont l'amour te perd en sa ferueur,
Ioüiroient du pouuoir, & toy de la faueur;
Elles me preuiendroient à punir l'insolence
Et l'humeur d'vn Ialoux, de qui la violence
Merite d'éprouuer les fureurs d'vn destin
Tel que souffrit Penthée en sa tragique fin.
   Mais c'est trop discourir; Camille, ie vay
  ioindre
La menace aux effects, & montrer qu'elle est
  moindre:
Va d'vn proche secours de ce pas l'auertir.

ALLEMANDE.

FELISMON.

Que puisse auecque vous la fortune partir,
Que la gloire par tout accompagne vos armes.

ADRASTE.

Vn Ciel à conquerir m'offriroit moins de charmes.

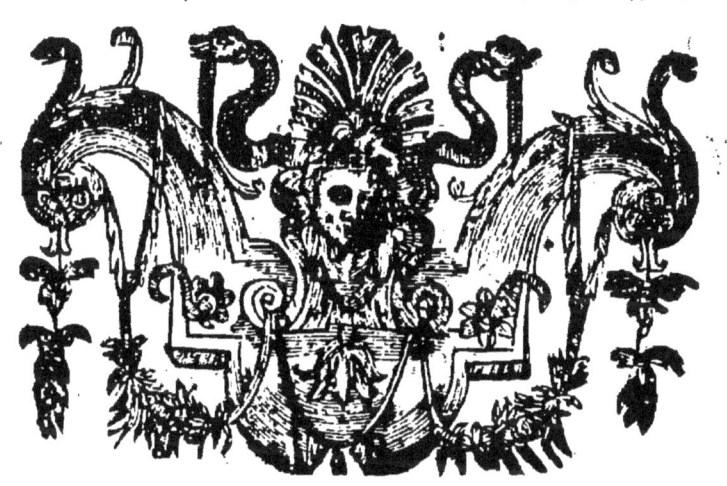

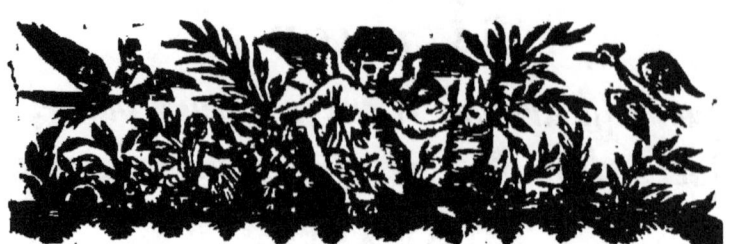

ACTE III.

CAMILLE, MEDECIN, MENIPE, EXEMT, ET SES GARDES, ELYSE.

SCENE I.

CAMILLE, MEDECIN.

CAMILLE.

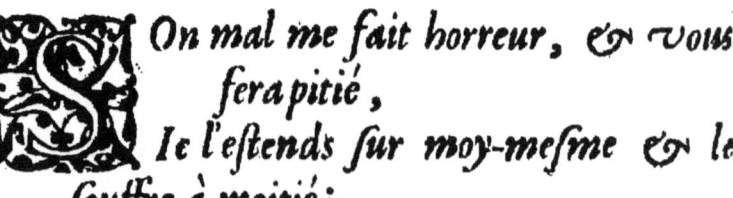On mal me fait horreur, & vous fera pitié,
Ie l'estends sur moy-mesme & le souffre à moitié;

ALLEMANDE.

Cependant l'Insensé chante quand ie souspire,
Ie pleure de sa peine, & luy n'en fait que rire;
S'il cerche les dangers dans sa confusion,
I'ay par crainte le mal qu'il n'a qu'en vision;
Il se trauaille à tout.

MEDECIN.

   Cela prouient, Madame,
De certaines humeurs qui luy surchargent l'a-
 me,
Qui tiennent son esprit à leur force suiét,
Luy font des passions presque de châque obiét,
Si qu'il se porte à tout, & d'vn sens inuincible.

CAMILLE.

Ie croy, pour estre fou, qu'il deuient insensible;
S'il voit du feu, sans crainte il se iette dedans;
Il court vers le Soleil, suit les flambeaux ar-
 dents;
En ce temps que l'Automne à l'Hyuer à fait
  place
Il va nud par la ruë, & couche sur la glace,
L'eau, la neige, & le froid ont pour luy des appas,

Par tout, sans le treuuer, il cerche le trépas;
On diroit à le voir franchir vne muraille,
Que son corps est de fer, ou les pierres de paille;
S'il se iette en vn gouffre, il en reuient leger,
Il semble qu'il s'entend auecque le danger,
Que tous les Elements respectent sa folie;
L'eau rit sur toute chose à sa melancolie;
Il cerche la plus froide, & s'y tient vne nuict,
Là par ieu se plongeant, il se cerche, il se fuit,
Il s'embrasse, il s'eschappe, il s'enfonce, il se hausse;
Volupté dans vn mal aussi vray qu'elle est
    fausse:
Il r'entre le matin, & quitte les fossez,
Non sans quelque regret des lieux qu'il a laissez;
Mesme pour témoigner sa passion estrange,
Sur ses habits moüillez il en baise la fange,
Habits, qui n'estans plus que pieces & lam-
    beaux,
Font horreur à chacun, & luy les treuue beaux:
Doux & facil à tous, ô cruel aduantage!
Il s'offence luy seul.   D'en dire dauantage,
Nullement; vous sçaurez iuger par les accez
La nature du mal qui cause ces excez.

ALLEMANDE.

MEDECIN.

En cela ie ne voy qu'une marque certaine……

[Menipe entre sur le Theatre; dés l'abord il se laisse tomber, bien qu'il soit soustenu par vn homme.]

Mais quel bruit ? le voicy.

CAMILLE.

Qui se soustient à peine;
La iambe tout en sang ; O Cieux ! il est tombé;
Amy releue le.

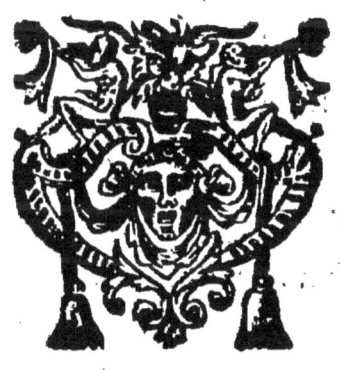

LA GENEREVSE

SCENE II.

MENIPE, CAMILLE, MEDECIN.

MENIPE.

[En folie.]

Qui me l'a dérobé ?
Ie le tenois tantost ; ouurez moy cette porte ;
Mon Maistre, fuyez-vous Menipe de la sorte ?

MEDECIN.

Madame, faites luy prendre un peu de repos.

CAMILLE.

On n'en ioüira pas.

[Comme cét homme qui l'a amené, le veut mettre
dans vne chaize à bras, pour le faire reposer.]

MENIPE.

Qui me retient au dos ?
Ah ! ie fens un Vautour qui m'arrache les
aisles.

CAMILLE.

ALLEMANDE.
CAMILLE.

Menipe......

MENIPE.
[En les considerant tous deux.]
Voy-ie pas en un corps trois pucelles?
N'est-ce pas deuant moy Proserpine, & Pluton?
Que ie sois en Enfer? & par où descent-on?
Aristandre, où faut-il que ie te cerche encore?
Ie te suiuray par tout, & ces lieux que i'abhorre
Ne......

MEDECIN.
Le sort de son Maistre a causé cét effort.

MENIPE.
[Tombant dans la chaize.]
Non, ie ne diray mot, puis qu'en fin ie suis mort.
[Puis se releuant de sa chaize.]
Mais dittes moy premier en cette nuict profonde
Si ce n'est pas dormir que de viure en ce Mõde,
Faut-il fermer les yeux, puis que l'on n'y voit
rien?
Arreste, vieux Charon, ah! ie te connoy bien;
Ie sents que tu me mets doucement dans ta bar-
que:
[Icy cét homme le voulant remettre dans sa chaize, il

F

fait des feintes comme s'il passoit l'eau en ramant, & apres s'estre essuyé comme s'il eust esté bien eschauffé, on diroit qu'il prend de l'eau à deux mains pour boire & se rafraischir.]

Beuuons à la santé de la plus belle Parque;
Ie croy que l'eau du Styx est le vin des damnez;
[Icy il s'imagine d'auoir passé le Styx, & d'estre à l'autre bord dans l'Enfer, où il a toutes ces visions qui suiuent.]
Que ces lieux sont par tout d'Ombres enuironez !
Dieux ! tout est en allarme en ces demeures sombres;
Vn Hercule nouueau trouble encore les Ombres;
Les foudres ont treuué le chemin d'icy bas;
Les Tytans déchainez font de nouueaux combats; (mente;
Les Parques sont aux mains; le desordre s'aug-
Cerbere s'est caché de peur chez Radamante,
Qui sous vn corps fumant de souffre & de vapeur
Fuit luy-mesme, & se mét sous les loix de la peur;
Icy tombe de crainte Ichare en l'onde noire;
Là Tantale en fuyant passe l'eau sans en boire;
Tytie à demy-mort, par de nouueaux efforts
Fuit, & porte caché le Corbeau dans son corps;

ALLEMANDE. 83

Ixion tout lié court, & traine sa rouë.
Ie le voy, le voila, ce Vainqueur qui se iouë;
[Il court aprés le Medecin qui est là, qu'il prend pour
Aristandre en Enfer.]
Ah! mon Maistre, est-ce vous qui domtez les
Esprits?
[Icy on le remet de nouueau dans la Chaize, où il
s'endort.]
Mais d'où vient qu'en leurs lacs ie me re-
treuue pris?   (*uersent,*
Plongé dans l'eau d'oubly ie sents qu'ils me ren-
Pour me faire dormir mille Demons me bercent.

MEDECIN.
Ie voy qu'il s'assoupit, sans doute il dormira,
Comme à luy ce repos aussi nous seruira.

MENIPE.
[Se réueillant en sursaut.]
Si ie ronfle, i'ay peur déueiller les Furies
Dedans leur lict de fer.
[En dormant il fait mille grimaces & mille postures
ridicules, qui ressemblent à des conuulsions.]

CAMILLE.
Dieux! que de singeries!
Si l'esprit dans le corps encore sommeilloit?
Ce repos le trauaille autant que s'il veilloit;

F ij

Que son mal m'est sensible! helas! quelle posture!
Monsieur, cette action vous parle & vous
   coniure:
Doncque cette fureur iamais ne cessera?

MEDECIN.

Patience, attendez, tout cela passera;
Foible & las, du dormir il reprendra l'vsage;
Son cerueau ne luy fait qu'vne confuse image
Des choses qu'il croit voir, & que l'on ne voit
   point;
Mais dés que le sommeil au repos aura ioinct
Ses humides pauots, où le sang qui s'allume
Alteré se détrempe, & l'ardeur se consume,
Son esprit rendu iuste, & fixes ses regards,
Ses yeux haues, troublez, deuiendront moins ha-
   gards,
Vous luy verrez l'humeur plus douce & plus
   tranquille,
Plus viue la couleur, & l'ame plus facile;
Disposé pour le moins à prendre guerison:
Non que ie vous promette encore sa raison, (ge;
Cela va bien plus loin, c'est bien vn autre ouura-
Moy-mesme ie luy veux preparer vn breuuage,

ALLEMANDE.

Que Medée autrefois aux Thessales apprit,
Dont l'operation passe iusqu'à l'esprit;
Par là ie vous promets sa guerison certaine,
Mais il faut à cela du temps & de la peine:
Madame, en attendant ie sors pour ordonner
Ce qui le peut guerir, & vous doit étonner.

CAMILLE.

Vos charitables soins auront leur recompense.

MEDECIN. (pense:

Mon Prince ne veut pas, ni ma foy, que i'y
Qu'on ne l'éueille point.

[Il sort, & amene quant & luy cét homme qui auoit aydé Menipe à marcher.]

MÉNIPE.

[Se releuant de sa chaize, tout éueillé, si tost que le Medecin est sorty.]

Non pas, qui dormiroit;
O! le plaisant Docteur! hé Dieu! qui n'en riroit?

CAMILLE.

Tais toy; ne crains-tu point encore qu'il reuienne?
Il contrefait le fou ; i'ay peur qu'il le deuienne.

MENIPE.

Voire, il peut bien porter son breuuage plus loin,
Ie croy qu'il luy seroit plus qu'à moy de besoin;

Qu'il s'est bien escrimé de sa folle science!
CAMILLE.
J'en attends quelque belle & haute experience;
Ie voy déia l'Enfer à ce coup s'employer,
Et croy qu'en ce breuuage il te doit enuoyer
La poudre d'vn Demon, & l'esprit d'vn atosme,
L'essence d'vn éclair, & le sel d'vn phantos-
   me;
Qu'il connoit de secrets! & qu'il a de pouuoir!
Quoy? marier Medée auecque son sçauoir?
Qu'il a fait à propos venir la Thessalie?
De long-temps il n'aura la fin de sa folie,
S'il faut, pour en guerir, qu'il aille rechercher
L'ellebore en ces lieux dont le voyage est cher.
MENIPE. (autre.
Le dessein en est beau, pourueu qu'il touche vn
CAMILLE,
Laissons là son dessein, & discourons du nostre.
MENIPE.
[Parlant serieusement de sa commission.]
J'espere que nos maux à moitié sont passez;
Madame, en tous endroits i'ay sondé les fossez;
Celuy que i'ay treuué plus facile & gayable,

ALLEMANDE.

Pour auoir l'eau plus basse, & le fonds tout de sable,
C'est du costé qu'on va de la Ville au Chasteau;
Là par pieces s'en va la muraille dans l'eau,
C'est l'endroit le plus propre à monter & descendre, (fendre;
Tout fait pour assaillir, rien n'y fait pour def-
La bréche a pour cloison de la terre & des aix,
Qui gagne le dessus a gagné le Palais.

CAMILLE.
Iuges-tu que l'on puisse y presenter l'échelle?

MENIPE.
Mesme aller à la main.

CAMILLE.
O l'heureuse nouuelle!
Ie pense que le Ciel nous deuoit ce bon-heur:
Mais que te doy-ie, à toy?

MENIPE.
Rien du tout, que l'honneur
Dont vous m'obligez trop à vous seruir, Madame, (ame;
D'vn homme qui n'a plus que vostre bien pour
D'vn interest commun vostre contentement

F iiij

Acquis par mes trauaux me flatte également,
I'attache à ce desir ma gloire, & ma fortune,
Sans cela mon esprit me pese & m'importune;
Ie n'eus, contrefaisant le fol deuant les foux,
Iamais plus de raison, qu'en la perdant pour vous;
C'est peu, pour vous seruir, que de courre les ruës,
Ie volerois leger mesme dedans les nuës,
Ie donnerois aux vents dedans l'air des combats,
Les feux ni les torrents ne m'arresteroient pas,
Cher Maistre, où ton seruice appelleroit ma vie.

CAMILLE.

Tu m'obliges en luy, ta bonté m'a rauie;
Ie l'en tiens plus heureux & riche de moitié,
Son tiltre le plus grand est en ton amitié;
Donner à ce merite vne reconnoissance,
O Ciel! qui le pouroit? il n'est qu'en ta puissance.

MENIPE.

C'est peindre vne fumée, & la dire du feu;
Madame, iusqu'icy ie n'ay fait que bien peu;
Qu'il me tarde qu'enfin d'vne parfaite ioye
Mon Maistre entre vos bras libre & sain ie re-
uoye!
Lors content ie n'auray plus rien à desirer.

ALLEMANDE.

CAMILLE.
Le Ciel lors adoucy, nous pourons esperer
De voir selon mes vœux ta foy recompensée.

MENIPE.
Combien, en me donnant, me prend cette pensée!

CAMILLE.
Cher Amy, fussions nous desia dans ce combat;
Mais ie sents iour à iour que mon espoir s'abbat,
Que le malheur destruit ma constance plus fer-
    me,   (me
Que ma longue douleur ne treuuant point de ter-
Elle se rend plus forte, & croist auec le temps:
Quand te verray-ie, Adraste, & tes drappeaux
    flottans?
Ne treuueray-ie point quelques Astres propices?
Tous les chemins pour moy sont-ils des precipices?
Que le temps à-venir m'est long par le present!

MENIPE.   (sant.
Tousiours vn mauuais iour paroist long & pe-

CAMILLE.
Que feroit Felismon? qu'est-ce qui le retarde?
Sçait-il bien que ma vie en ce poinct se hazarde?

Qu'Adraste n'attend plus qu'après l'argent venu?

MENIPE.

Madame, quand il faut faire par le menu
Vne somme d'argent si notable & soudaine,
Croyez moy qu'il y va du temps & de la peine;
L'homme le plus habile est assez empéché,
Sur la terre, & dedans, par tout l'or est caché.

CAMILLE.

Il faut pour vn tel coup tout engager, tout vendre.

MENIPE.

Ie croy qu'il fera mieux; nous ne deuons attendre
De sa charge qu'vn bon & prompt euenement.

CAMILLE.

Ce pendant il augmente & nourit mon tourment;   (craindre
Ie ne sçay quel soupçon à tous coups me fait
Qu'au bout de nos desseins nous ne puissions attaindre,
Que le temps à la fin trahissant nos secrets

ALLEMANDE. 91

Moy-mesme qui les tends ie me iette en mes rets;
Le pensant diuertir, mon esprit ne s'attache
Qu'à ce qui peut me nuire, & dont l'obiét me fâ-
    che;
Iour & nuict ie me trouble, & ie ne sçay dequoy:
O Ciel! chasse la peur & le mal loin de moy.

[Ello & Menipe rentrent dans le logis.]

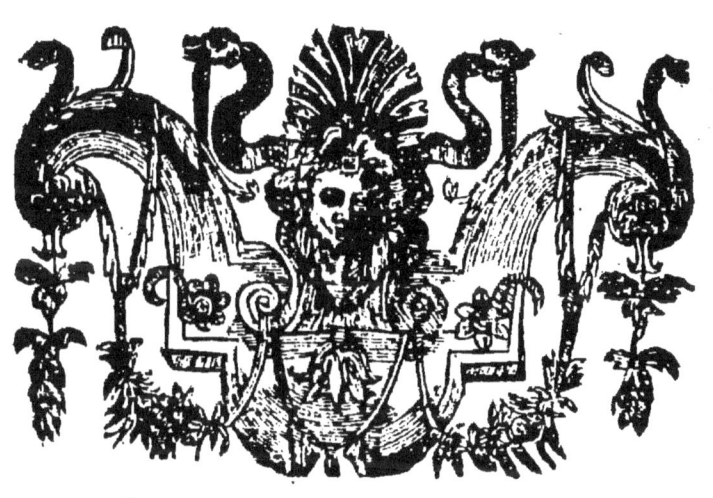

SCENE III.

EXEMT, ET SES GARDES,
CAMILLE, MENIPE.

EXEMT.

C'Est icy ; la voila, qu'à propos ie découu-
ure,
Qui fait entrer son fou.
[Il frappe à la porte.]
CAMILLE.
Qui frappe ?
EXEMT.
Que l'on m'ouure :
Répondez du logis, vous, & l'enuironnez,
Vous autres, là dedans auecque moy venez.
MENIPE.
[Ayant regardé pardessus la muraille.]
Nous sommes découuerts, on nous donne des
Gardes.

ALLEMANDE.

CAMILLE.
Ainsi donc en fureur, ô Ciel! tu me regardes?
EXEMT.
Ouurez.

CAMILLE.
A qui?
EXEMT.
C'est trop ; au Prince, à son Exemt;
Son pouuoir en mes mains le rend comme pre-
sent.
[Icy l'Exemt dispose ses Gardes à l'entour du logis.]
CAMILLE.
Mourons plustost, Menipe.
MENIPE.
Il faut ouurir, Madame.
CAMILLE.
Ouure premier ce cœur, fais passage à mon ame;
Aussi bien de douleur ie me sents défaillir.
MENIPE.   (saillir?
Madame, voulez-vous plus qu'eux vous as-
Ie veux, s'il en vient mal, sur ma teste le pren-
  dre ;   (dre.
Viuez, ie vous coniure, au respect d'Aristan-

CAMILLE.

Au contraire, pour luy ie doy, ie veux mourir.

MENIPE.

Ouy, de peur d'endurer, & de le secourir.

EXEMPT. [Estant en bas.]

Ouurez, & promptement, i'enfonceray la porte.

MENIPE. [En haut.]

Le voulez-vous laisser au peril de la sorte ?

CAMILLE.

Que penses-tu gagner, me faisant viure icy ?
Quelques moments de plus.

MENIPE.

Perdez en le soucy ;
Ma teste du succez vous seruira de gage,
Laissez moy seulement iouër mon personnage.

CAMILLE.

Que ne pouroit sur moy ton vouloir emporter ?

MENIPE.

Criez donc.
  [Il se iette du haut de la muraille dans la ruë.]

CAMILLE.

Il m'eschappe, on ne peut l'arrester,
Ce Fou suit sa fureur, il se iette à la ruë ;

ALLEMANDE.

A l'ayde, mes Amis, le malheureux se tuë,
[Il prend vne pertuisane de l'vn de ces Gardes.]
Qu'on luy tire ce fer: Ah Dieu! que fera-t'il?

MENIPE.

Pour vn sceptre en Enfer passera cét outil:
Voulez-vous retirer de l'Auerne vn Thesée?
Ie seruiray d'Alcide:
[Il en donne dans la porte qu'il mét par terre.]
      Ah! la voila brisée.
Que de phantosmes noirs, & que d'Esprits vo-
 lans!
Que de feux ensouffrez, fumeux, estincelans!
Courage! le voicy; i'entends venir Cerbere.
[Camille descendant, il la prend pour Cerbere.]

EXEMT.

Arrestez là, Madame; il se mét en colere;
Ce Fou se méprendroit, il croit estre en Enfer:
Or sus, qu'on luy saisisse & les mains & ce fer.
[Tandis que les Gardes luy tirent la pertuisane, le Capitaine monte vers Camille, qui l'attend le pistollét & l'espée en main sur le haut de l'escalier.]

CAMILLE.

Encore à quelle fin tend cette violence?

EXEMT.

Pour empescher la vostre.

LA GENEREVSE

CAMILLE.

Et quelle? ô l'insolence!
Parlez bien.

MENIPE.

[Lors qu'on luy a osté la pertuisane.]

Reuoltez, suis-ie pas vostre Roy?
Quoy? m'oster cét honneur? que ferez-vous sans
  moy?
Allez faire punir vostre ardeur criminelle;
Ie vay vous laisser tous en la nuict eternelle.
[Il s'enfuit.]

GARDE I.

Assez dedans sa teste il porte d. faux iours.

GARDE II.

Propres pour éclairer l'Enfer.

GARDE III.

Il fuit tousiours,
Vrayment ce Roy nouueau, d'vn plaisant equi-
  page,
Ne va pas mal à pied sans seruiteur, ni page.

CAMILLE. [En haut.]

Ie ne vous laisseray faire vn pas seulement
Sans sçauoir le suiet de tout ce mouuement.

EXEMT.

ALLEMANDE.

EXEMT.
Madame, voulez-vous, vous perdre dans (la force ?
CAMILLE.
Vos efforts à mon feu ne sont que de l'amorce ;
Ie n'aurois point de peur pour vne fois autant ;
Ma liberté ne peut mourir qu'en disputant,
Ouy, libre ie mouray comme ie la suis née,
Ie puis seule, ie veux faire ma destinée ;
Ie ne reconnoy point d'autre que l'Empereur,
Vous faites m'offenceant vn crime d'vne erreur ;
Ie suis venuë icy dessous sa sauue-garde,
Ie ne réponds qu'à luy ; qu'aucun ne se hazarde,
On ne me touche point auec impunité,
Le plus traistre en payra pour tous la vanité ;
Tyran, tu répondras vn iour de cét outrage.

EXEMT. (rage ;
Vous employez, Madame, vn peu mal ce cou-
Le Prince n'a pour vous que de l'affection.
CAMILLE.
Et me desire morte en son intention ; (dre ?
L'inhumain, contre moy que veut-il entrepren-
Ce qu'on ayme, l'on peut sans crime le deffendre ;
Faut-il à sa fureur laisser les innocens,

G

LA GENEREVSE

Et mon Espoux en proye, & moy, si i'y consens?
Ce ne sera iamais, que sur l'heure vangée
Ie ne sois en ma mort de quelque autre allegée
Vn Dieu l'entreprenant, ie le rendrois mortel.

EXEMT.
Non, Madame, iamais son dessein ne fut tel.

CAMILLE.
Et que veulent enfin ces Gardes qu'il me donne?

EXEMT.
S'asseurer du logis, & de vostre personne,
Vous suiure seulement, & vous accompagner.

CAMILLE.
Ouy, cependant qu'il veut, le Tyran, se baigner,
Dans le sang mal-heureux d'une victime offerte ; (te:
Et c'est ainsi qu'il croit m'endormir en ma per-
Non non, ie suis à moy, m'arrester? c'est en vain,
Tandis que ie tiendray ce pistolet en main ;
Ie verray qui de vous sera plus temeraire.

EXEMT.
C'est s'allarmer à faux, on ne vous veut rien faire.

ALLEMANDE.
CAMILLE.

On ne le peut aussi ; voicy de bons garands ;
[Montrant l'espée & le pistolét qu'elle a en main.]
Ie porte feu pour feu, iamais ie ne me rends.

EXEMT.

Sur vostre liberté qui voudroit entreprendre ?

CAMILLE.   (tandre ?

Ceux qui veulent la mort de mon cher Aris-

EXEMT.

Et bien, de ces deux poincts ie vous asseureray,
Sur le plus sainct Autel ie vous le iureray ;
Tromper tant de vertus seroit-ce pas vn crime ?

CAMILLE.

Ainsi preste à mourir on flatte vne victime.

EXEMT.

Faire vn coup si méchant ? quelle main l'oseroit ?
Contre elle vn foudre ardent pour vous s'oppo-
   seroit.

CAMILLE.

Qu'on ne me flatte point ; ie sçay, quoy qu'il ad-
   uienne,
Qu'on ne me promét rien qu'aprés on ne me tienne.

G ij

LA GENEREVSE

EXEMT.

Ma foy, (reçeuez la,) vous asseure de tout.

CAMILLE.

Or sus, ie le verray, mon esprit se resout;
On ne me peut tromper qu'vne fois en sa vie.

EXEMT.

Me punisse le Ciel, si i'en ay quelque enuie:
Ie croy que de ce bruit vous n'aurez que le son;
Le Prince quitera peut-estre le soupçon
Qui nous a fait venir, lors en cela trompée
Vous treuuerez à vous mon cœur & mon espée:
(Croyez que ie n'ay pas épousé son couroux,
Si ie n'estois à luy, que ie serois pour vous.

CAMILLE.

Cette vertu m'oblige, encore vn peu suspecte.

EXEMT. (respecte:
Hors de ma charge, on sçait combien ie vous
Entrons.

CAMILLE.

Ie sents enfin mon courage sousmis;
Que ne peut la douceur mesme des ennemis!

[Ils entrent dans sa Chambre, où par subtilité l'Exent
& ses Gardes la désarment.]

ALLEMANDE.

SCENE IV.

ELYSE, EXEMT, ET SES GARDES, CAMILLE.

ELYSE.   [Damoiselle de Camille.]

Qv'vne Seruante ait pû causer ce grand orage ?
L'ingrate, la perfide ! ah ! i'en suis à la rage ;
Voila tous nos desseins en vn coup renuersez,
Vn foudre sans éclair les a soudain percez,
La tempeste nous bat, parauant que preueuë,
D'vn coup sourd & caché ce tonnerre nous tuë :
L'air n'en deuroit porter, qu'afin de te punir,
Méchante...... Mais il faut songer à l'aduenir :
Camille tout le iour sans moy seule laissée,
D'vn si cruel assaut mortellement blessée,
Dans la peur & les soins iusques icy m'attend :
La nuict de tous costez sur la terre s'étend ;

G iij

Dés l'Aurore ie suis à la Ville sortie,
Deurois-ie pas l'auoir de ce coup aduertie ?
Hastons nous.

GARDE I.

Qui va là ?

ELYSE.

Ie suis de la Maison.

GARDE. II.

Entrez.

ELYSE.

Quoy ? ce logis est donc vne prison ?

GARDE III. (belle.

I'en voy dans vostre sein vne autre bien plus

ELYSE.

Indiscrets.   [En montant.]

GARDE I.

Tous armez nous menacera-t'elle ?

EXEMT.

[Sortant de la Chambre, & y laissant la moitié de ses Gardes.]

Tout vous sera permis, ce poinct seul excepté.

ALLEMANDE

CAMILLE.

C'est en me donnant tout, m'oster la liberté;
Les mettre dans ma chambre? & moy sous leur
　　puissance?
Et vous la permettez, ô Dieux! cette licence;
Iamais la cruauté ne vit telle action.

EXEMT.

Renuoyez cette faute à ma Commission,
C'est auecque regret qu'il faut que ie la fasse;
Iugez ce que ie doy, mettez vous en ma place,
C'est le deub de ma charge, & le poinct plus ex-
　　prés.

CAMILLE.

Me promettre la vie, & me l'oster aprés?
Et ne m'auoir laissé de toute sorte d'armes
Contre la trahison que les cris & les larmes?

EXEMT.

Et quoy? seruir son Prince est-ce vne trahison?

CAMILLE.

Méchant, ne parle plus; c'est perdre la raison
Que d'en vouloir cercher d'vn traistre, & d'vn
　　pariure.

LA GENEREVSE

EXEMT.

Son desespoir éclatte, & fait que i'en endure.

[Elyse monte.]

Voicy sa Damoiselle, il m'en faut décharger:
Vous, ayez-en du soin, & faites la manger;
Ie vay faire venir la cuisine du Prince.

[Il sort.]

CAMILLE.

Ie mangerois son cœur, pourueu que ie le tinsse,
Luy seul aiguiseroit ma colere & ma faim;
La cuisine du Prince? ah! l'office inhumain!
Ne luy suffit-il pas qu'icy l'on m'emprisonne?
Non, ce n'est-pas assez, il veut qu'on m'empoi-
  sonne,
Et comme il ne me peut perdre d'vn coup ouuert,
Il veut faire iouër cette mine à couuert;
Ma perte, il le sçait bien, attireroit la sienne,
Il n'a Ville, Chasteau, ni Fort qui le maintiēne;
S'il osoit iusques-là d'authorité venir,
Tout l'Empire armeroit afin de le punir,
Il verroit mille bras armez contre sa teste,
Tous les vents tourneroient sur luy cette tempeste.

ALLEMANDE.

ELYSE.

Madame, encore plus; ne vous émeuuez point;
Il est bien eloigné d'en venir à ce poinct,
Quoy qu'il medite, il est plus que nous dans la
    crainte,   (tainte,
Sans sçauoir d'où le coup, il attend quelque at-
Et c'est à ce sujet qu'il vous fait arrester.

CAMILLE.

D'où sçais-tu ce qu'icy tu me viens raconter?

ELYSE.

Menipe.....

CAMILLE.

    Parle bas, par tout on nous écoute;
L'as-tu veu? que fait-il? tu me réiouïs toute;
Au mal que l'on connoit on peut remedier.

ELYSE.

Encore si nouueau, qu'il ne vient que d'hyer:
Ah! que vostre couroux vous fera de dômage!
Ce gouffre si charmant fait broncher le plus sage;
I'en eus, vous le sçauez, quelque apprehen-
    sion;
Que ne commandiez-vous à cette passion?
    Esprise de dépit d'auoir esté chassée

La Seruante vous a cette affaire braſſée,
Donnant de vos deſſeins des ſoupçons pour auis,
De certains mots tenus par forme de deuis,
Qui ſous vn ſens caché marquoient vne en-
    treprise;
Pour Oracle ſa voix par coniecture priſe,
De crainte on eſt venu s'aſſeurer de vos mains,
Pour preuenir vn coup dont ils ſont incertains.

          CAMILLE.
Qu'elle n'ait reuelé rien de plus? l'infidelle.

          ELYSE.
Non, car elle n'a pû.

          CAMILLE.
                Qui ſe fuſt douté d'elle?

          ELYSE.
Menipe par ma voix vous coniure au ſurplus
De ne vous point aigrir en diſcours ſuperflus,
De trahir leurs ſoupçons, brider voſtre colere,
Les empécher de voir plus outre en ce myſtere;
Sur tout de mettre au feu les lettres, les eſcrits
Qui touchent le deſſein, de crainte d'eſtre pris.

          CAMILLE.
Ie ne le puis; voila ce qui me tient en peine,

ALLEMANDE.

Sans cela ie rirois de leur poursuite vaine.
ELYSE.
Encore n'auons-nous qu'à loüer le destin,
Qui tousiours à vos maux treuue vne douce fin;
Par Menipe il trauaille en celuy-cy sans doute.
CAMILLE.
Le Ciel t'en vüeille oüir, s'il est iuste il m'écoute.
ELYSE.
Ne faut il pas, Madame, enfin nous retirer ?
Comment passer la nuict ?
CAMILLE.
    à rien qu'à souspirer :
Mange, dors, si tu veux; moy, ie ne veux rien prendre,
Ni viures, ni sommeil, afin qu'il puisse appren- (dre,
Le Tyran, comme il faut traiter ma qualité.
ELYSE.
Madame......
CAMILLE.
   Laisse moy, ce dessein limité
Porte moins de fureur, crois moy, que d'artifice.
ELYSE.
Artifice cruel, qui va iusqu'au supplice.

LA GENEREVSE

CAMILLE.

Bien, ie me veux punir ainsi de mon couroux :
La crainte en nous perdant de répondre de nous
Les iettera peut-estre en quelque complaisance;
Pour ne vouloir dormir ni viure en leur presence
Mes Gardes me lairront la chambre en liberté;
Et ie n'ay rien perdu, ce poinct seul emporté :
Qu'on ne m'en parle plus, ie puis, ie veux le faire:
Si tu m'aymes, tu dois en cela me complaire.

ELYSE.

Retirons nous au moins d'vne si noire nuict.

CAMILLE.

Allons, tout mon repos n'est plus que dans le bruit.

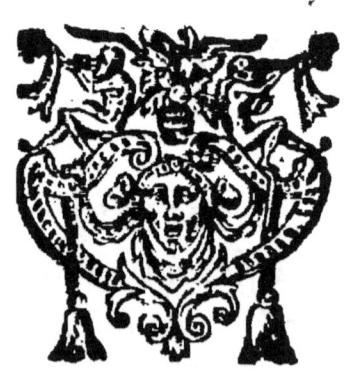

ALLEMANDE.

Elle conserue sa vigueur
A faire durer ma langueur ;
Mon plus grand mal est ma constance:
Et le Ciel, ce vray iour des esprits aueuglez,
Me fait viure par penitence
D'auoir fait à la mort tant de vœux déreglez.

Arriere ces lâches desirs,
Par qui ma honte découuerte
Me figuroit de faux plaisirs
Dedans ma veritable perte ;
Ce desespoir est écarté,
Mon ame reprend sa clarté,
Ie viens au Ciel par le naufrage ;
Contre ces vains souspirs il me fait souspirer,
Et me dit que mesme en l'orage
C'est meriter la mort que de la desirer.

Il est vray que ma passion,
Aux desirs que la rage imprime
De mourir dans l'affliction ,
De mon erreur a fait vn crime :
Mon courage presque innocent

LA GENEREVSE

Dans le feu d'amour languissant,
Pouuoit l'éteindre de mes larmes ;
N'auoir peché qu'en songe, & souffrir en effect,
C'estoit par de celestes charmes
En effacer le mal, auant que l'auoir fait.

Que le Ciel se plaist en ses coups
De tenter nostre resistance !
Que les marques de son couroux
Soient celles de nostre constance !
Souuent l'esprit est combattu
Pour faire éclatter sa vertu,
Il s'éleue de ses ruines ;
Et celuy, dont le soin nourit tant d'animaux,
Sçait ioindre les fleurs aux espines,
Et tirer nos plaisirs du milieu de nos maux.

C'est aussi dans l'obscurité
Que i'ay treuué cette lumiere,
Dans vn songe la verité,
Ma gloire en ma honte premiere ;
Ce Soleil me vient de la nuict,
Ie me suy quand chacun me fuit ;

Le

ALLEMANDE.

Le faux éclat d'un Dyadéme,
Ces tiltres, ces honneurs, pour m'estre deffendus
Font que ie me gagne moy-mesme,
Et treuue en moy le prix des biēs que i'ay perdus.

Que ie me play dans mes trauaux!
Que ie me flatte en ma victoire!
Mon esprit reuient aux assaux,
Et triomphe dans ma memoire:
I'y voy de nouueau la fureur
S'animer contre ma terreur,
Icy l'outrage, là mes plaintes;
Mes larmes, mes souspirs, ma honte, ma prison,
Et mes plus sensibles attaintes
Choquent le desespoir, & flattent ma raison.

Cét Antre tapissé de deüil,
Figure de mon infamie,
Où, comme dedans un cercueil,
La clarté meurt toute blémie;
Bien qu'il soit lieu d'un noir dessein,
Qu'il couue la Parque en son sein,
Que l'horreur par tout s'y promeine,

H

LA GENEREVSE

Ie voy qu'il s'éclaircit, & ce diuin Soleil
 Qui dissipe & chasse ma peine
Porte iusqu'aux obiets son éclat nompareil.

  Icy tout s'accorde à mes sens,
 Pour me plaindre en ces lieux funebres
 Les murs demandent des accens
 Et des souspirs à ces tenebres;
 L'air qui sembloit empoisonné
 Y tient Zephyr emprisonné,
 Ie ne marche que sur des roses;
Ce n'est que marbre & qu'or, ces pierres & ce fer;
  Mon cœur y change toutes choses,
Et fait son Paradis du lieu de mon Enfer.

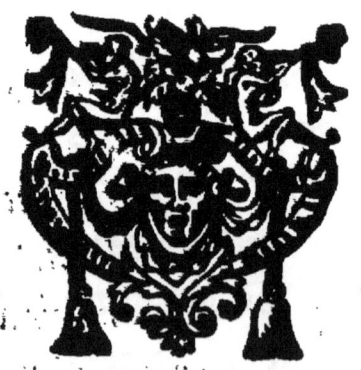

ALLEMANDE.

SCENE II.

FELISMON, GARDES, ELYSE, CAMILLE.

FELISMON.

A La fin nous verrons l'effect de l'entreprise;
I'ay fait toucher l'argent, il n'est plus de remise,
Adraste n'attend plus que l'heure de venir;
Ie vay treuver Camille, & l'en entretenir.
    Mais la Ville à l'entrée a fait mon sang de glace,
Elle m'est apparuë auec vne autre face,
Les soldats à la porte, & le peuple alarmé
Ont tenu mon esprit tout confus & charmé;
Quel suis-ie deuenu, Menipe, à ta rencontre?
Que ta folle fureur de sagesse nous montre!
Enfin i'ay sceu le tout; & ie viens pour sçauoir
A quoy Camille veut employer mon deuoir;

H ij

Si mon retardement a causé tout ce trouble,
J'apporte assez dequoy pour le payer au double;
Voicy qui bridera la fureur du Mastin,
[Icy il apporte des Dernieres deffences de l'Empereur,
& vn ban de l'Empire contre Coryleon.]
S'il iappe plus, ie tiens en mes mains son destin;
L'Empereur irrité porte à ce coup le foudre,
Menasse son Estat, proteste de resoudre
Partout en sang & feu hommes, Ville, pays,
Si ses commandements ne sont mieux obeis;
Contre vn si grand couroux il n'est Dieu qui le
    garde:
Châque mot, châque pas me pese, & me retarde;
J'approche du logis.

GARDE I.

    N'allez pas plus auant.

FELISMON.

Pourquoy?

CAMILLE.

[Sortant de sa Chambre auec Elyse.]
    Bon Dieu! ie voy Felismon là deuant:
Ouurez; il est à moy. Que mon ame est rauie!
Maintenant ie respire & gouste vn peu la vie.

ALLEMANDE.

ELYSE.

Madame, vous voyez que le sort inconstant
Finit le mal en bien; Ie change en vn instant;
Cét heureux accident releue mon courage.

CAMILLE.

[Felismon estant monté à elle.]

Amy, tu viens de loin me voir dans le naufra-
  ge:
Et bien, nostre mal-heur t'est-il allé treuuer?
Aussi bien loin que prés, nous veut-il épreuuer?
Parle, preuiens ma voix, n'attends pas que i'a-
  cheue;   (tréue?
Le Ciel est-il plus doux? aurons-nous quelque

FELISMON.

Mon voyage n'a rien d'vn sort si rigoureux,
Que le temps que i'ay mis à me le rédre heureux;
Madame, tout va bien; i'ay contenté l'armée,
Aule n'est déia plus aux soldats que fumée,
Rien n'est dur que le temps à leur courage ardent;
Voicy qui vous poura conseruer ce pendant.
  [Il luy presente les Deffences de l'Empereur.]

CAMILLE.

Quoy doncque? de nouueau des deffences encore?

H iij

LA GENEREVSE

FELISMON.

C'est bien plus ; vous verrez.

CAMILLE.
[Ayant leu ces Deffences.]

O Ciel ! à qui t'implore
Que les plus grands mal-heurs sont foibles & legers !
Qu'en toy les biens sont vrais, & les maux passagers !
Qu'vne iuste action te treuue fauorable !
Allons prendre en mes maux vne nuict agreable;
Sans manger ni dormir le Ciel me maintiendra:
Demain dés que le iour à sa poincte viendra,
Vous irez faire voir à ce Prince barbare
Dans le mal qu'il me fait celuy qu'il se prepare;
D'vne rire de là vers Adraste rendu
Tu le feras venir dans deux iours attendu :
Beau Soleil, hâte toy, pour voir tant de miracles,
Dans peu se briseront nos fers, & ces obstacles.

ALLEMANDE.

SCENE III.

CLORIANDE.

Que de difficultez trauaillent mon desir!
Qu'Amour cache de maux, pour montrer
    vn plaisir!
Que d'espines autour d'vne si tendre rose!
Que ses trauaux sont grands, & ses biens peu
    de chose!
Qu'on se donne de peine à perdre son repos!
Depuis que son venin s'est coulé dans mes os,
Ie n'ay veu que mal-heur, ie n'ay senty que rage,
Mon esprit ne connoit qu'à peine mon courage,
Il se treuue par tout sans estre en aucun lieu,
Ie porte dedans moy l'Enfer auec vn Dieu;
Mélé dans tous mes vœux cét Amour qui me
    brûle
Les auance tantost, & tantost les recule,
Toute faueur du sort ne m'est qu'illusion,

H iiij

LA GENEREVSE

Mon propre bien se tourne à ma confusion;
Et le moment plus doux, où mon ame surprise
S'échappe dans la ioye, en fureur la diuise.
 Ma Sœur est en prison, pour iamais n'en partir;
Et moy, i'y suis plus qu'elle, & puis moins en sortir;
Vne Riuale ostée, vne seconde arriue;
I'oste le bien à l'vne, & cette autre m'en priue,
Ie gagne d'vne main, & de l'autre ie perds:
Mais (où mes mouuements se montrent moins experts)
Tout le bien que ie fay se tourne à mon domma-ge;
Aristandre deux fois a déia veu l'image
D'vne mort qu'il n'eust pû sans moy-mesme éuiter:
 Mais de quoy peut sa vie enfin me profiter?
De rien, qu'à me flatter d'vne esperance vaine,
Ie trauaille, & Camille a le fruict de ma peine:
Par dessus ma raison ie sents vne autre loy;
Aristandre, de peur que tu meures pour moy,
Ie conserue ta vie, & seulement pour elle,

ALLEMANDE.

Ma pitié, qui vous sert, à moy seule est cruelle;
Ma facile douceur a des appas honteux,
Mon courage pour moy n'est iamais que douteux,
Et pour toy, cher Amant, i'embrasse toute peine,
Ie balance ta vie, & ma mort est certaine;
Moy-mesme ie me bats, & de mes propres traits.
  N'importe; cette mort enfin a des attraits:
Dure moy, ma fureur, que ma fin s'accomplisse,
Ie n'en sçaurois hayr l'auteur, ni le supplice.

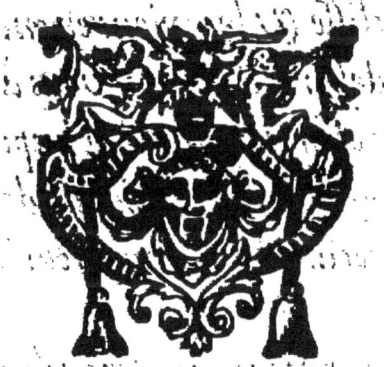

SCENE IV.

CORYLEON, EXEMT DES GARDES.

CORYLEON.

[Ayant veu les dernieres Deffences de l'Empereur.]

(preparé?
Doy-ie voir de mes mains mon tombeau
Ce mal opiniâtre est-il desesperé?
Ne peut-on pas treuuer vn port à ce naufrage?
Que ie m'enseuelisse & les miens en ma rage?
Quelle bride, ô destins, donnez-vous à mes sens?
Faut-il que mes efforts se treuuent impuissans?
Qu'vn orage si grand n'ait fait que de l'écume?
Qu'en voulant perdre deux, moy seul ie me consume?
Ce coup ne peut-il pas iamais estre acheué?
Depuis vn si long-temps ie tiens le bras leué,
Pour montrer en tombant seulement sa foiblesse;
C'est vn foudre qui gronde, & qui iamais ne blesse.

ALLEMANDE.

O Dieux! qui vous riez là haut des actions
Où nous porte le vent de tant de passions,
Dieux! qui sçauez tous seuls, par vn puissant mystere,
Vanger sans passion, & punir sans colere;
I'apprens que la vangeance est vn obiet humain,
Mais qu'elle n'appartiët qu'à vostre seule main;
Qu'elle est comme vn torrent, dont la fureur extréme
Rauit, emporte tout, & s'emporte soy-mesme;
Que c'est vn faux amy, qui nous tuë, & nous rit,
Vn poison doux au cœur, & mortel à l'esprit.
   Mais qu'il est difficile à l'humaine Nature
Ou d'estre sans vangeance, ou d'estre sans iniure!
Celuy n'est pas mortel qui vit exemt de soins,
Qui les peut surmonter, il l'est encore moins;
Parmy tant d'accidents qui suiuent nostre vie,
Entre l'ambition, la fortune, & l'enuie,
La plus forte vertu s'irrite à tant de coups
Qu'vn sort continuel décharge dessus nous,
Et nostre fermeté durant cette secousse
Branle, comme la Nef qu'vn vent pousse, & repousse.

Mal-heureux, ie l'épreuue en mes maux auiourd'huy,
Qui n'ay plus de pouuoir, ni d'espoir, ni d'appuy,
Qui voy dans mon Estat qu'vn autre me commande ;
Que ma fureur ne peut ce que ie luy demande,
Que l'Empereur plus fort, d'vn pouuoir souuerain
Contre des Criminels me desarme la main ;
Que mon courage ardent, & contraint de se rendre,
Tout offencé qu'il est, n'ose rien entreprendre ;
Que malgré moy Camille échappe de ses fers,
Et que i'ay tout l'affront des maux qu'elle a souffers :
Quoy ? faut-il à mes yeux qu'on suborne ma (femme ?
Qu'on trouble ma Maison, & qu'on la rende infame ?
Qu'on trahisse ma Ville, ouuerte à tous efforts ?
Qu'on choque mon pouuoir & dedãs & dehors ?
A ces extremitez pouray-ie me resoudre ? (dre ?
Mais quelle rage aussi, d'aller contre la fou-
Cedons au plus puissant, mon courage, il le faut ;

ALLEMANDE.

Il n'est point de pouuoir, qui n'en ait vn plus haut;
Qui sçait fléchir vn temps, en vn autre il com-
  mande:
A poinct nommé l'Exemt vient comme ie le
  mande.
Et bien, ce grand courage est-il point abbaissé ?

EXEMT.

Il est tel, Monseigneur, que ie l'auois laissé,
Et ie crains à la fin sa perte inéuitable;
Elle a pris en horreur & le lict, & la table;
Cette Dame en l'estat où la mise la faim,
Montre que le tombeau fut son plus grand des-
  sein.

CORYLEON.

Ie croy que tu dis vray; mon soupçon diminuë:
Dés que la nuict sera sur la Terre venuë,
Qu'on décharge sa chambre & d'hommes & de
  bruit;
Qu'on garde sa Maison toutefois cette nuict,
Attendant à demain vn nouuel ordre encore.

EXEMT.

Ie feray mon deuoir, c'est luy seul qui m'honore.

SCENE V.

FELISMON, ELYSE, CAMILLE, GARDES.

FELISMON.

CRois-tu pas que le Ciel trauaille auecque nous?
Nous auons renuoyé sur eux-mesmes leurs coups;
Leur premiere fureur enfin mise en arriere,
Ils n'auront d'action qu'en leur crainte derniere;
Tandis qu'ils cercheront deuers sa Maiesté
Ou des moyens d'excuse, ou de la seureté,
D'vn assaut prompt & sourd trompant leur vi-
gilance,
Nous les enleuerons dans l'ombre & le silence;
Ie vay faire marcher Adraste à cét effect:
Crois moy que cela vaut presques autant que fait.
    ELYSE. (écoutent,
S'il est vray que les Cieux auiourd'huy nous

ALLEMANDE. 227

Ne perdons point de temps, tous les moments
 nous coûtent.
   FELISMON. [En s'en allant.]
Adieu ; vous nous aurez dans deux nuicts au
 plus tard.
   ELYSE.   [Seule.]
Tout vn siecle de iours vaut moins à leur égard:
Ie croy que cette nuict quittera tous ses voiles,
Qu'elle aura des Soleils autant côme d'Estoilles,
Que iusques dans l'Enfer le Ciel éclairera,
Pour montrer les effects que cette nuict fera.
 Ie voy que celle-cy, ialouse de sa gloire, (re;
De honte, ou de dépit, mesme en deuient plus noi-
Le Ciel perd sa couleur, le Soleil est dans l'eau,
Tout l'air n'est plus qu'vne ombre, & qu'vn
 épais rideau:
C'est trop m'entretenir seule dedans ma ioye,
Vne autre à part au bien que le Ciel nous enuoye;
Allons treuuer Camille au bon-heur qui nous
 suit,
Luy porter vn Soleil au milieu de la nuict:
I'espere de la voir au logis la plus forte,
Que les Gardes leuez, i'auray libre la porte ;

LA GENEREVSE

Auiourd'huy le Tyran deuant moy l'a promis;
Quoy? ie les treuue encore? Ouurez tost, mes
    Amis.

GARDE I.

C'est trop, il n'en faut qu'vn.

GARDE II.

Lequel voulez-vous prendre?

ELYSE.

Celuy-là de vous trois qui moins y doit pretendre:
Or sus, on verra bien qui merite le moins;
Comtez vous vos deffauts, vous en serez té-
    moins.

GARDE III.

Vrayment cette défaite est d'assez bonne grace.

ELYSE.
[En montant.]

Voila trois vilains pris dans vne mesme nasse.
Camille m'a sans doute entenduë, elle sort.

CAMILLE.

ALLEMANDE.

CAMILLE.
Tu viens tard......
ELYSE.
C'est assez, quand on arriue au port:
Madame, aprés auoir couru quelque naufrage,
Qui vous y sauueroit.....
CAMILLE.
Tu flattes mon courage;
Dis moy, doy-ie esperer vn semblable bon-heur?
ELYSE.
Que feriez-vous en fin?
CAMILLE.
Ie luy rendrois honneur,
Ie le dirois mon Ange, & mon Dieu tutelaire.
ELYSE.
Ie prends cecy pour moy, i'ayme à me satisfaire:
Mais dessus quel Autel enfin me mettrez-vous?
Merité-ie pas bien qu'on m'adore à genoux?
CAMILLE.
En vn temps moins fâcheux elle me feroit rire:
Elle est folle auiourd'huy: parle, que veux-tu dire?

I

ELYSE.

Que le temps dure peu de ma Diuinité,
Que pour estre Ange, ou Dieu, l'on n'est pas mieux traicté ?

CAMILLE.

Il faut luy plaire. Et bien, veux-tu que ie t'adore ?
Au moins sçachons pourquoy.

ELYSE.

C'est bien du moins encore :
I'ay défait vn Tyran, mon esprit l'a dompté ;
Vous aurez cette nuict la chambre en liberté,
Dans peu tout le logis, ainsi que ie l'espere.

CAMILLE.

Voila tous mots diuins, ils charment ma misere,
Tu viens de proferer l'Oracle de mon bien ;
Il est vray qu'il n'est point d'esprit comme le tien.

ELYSE.

Ni de perfections que le vostre n'emporte.

CAMILLE.

Demeurons là ; i'entends quelque bruit à la porte.

ALLEMANDE.

SCENE VI.

EXEMT, ET SES GARDES,
CAMILLE, ELYSE.

EXEMT.

Que fait-elle?

GARDE I.

Voicy le troisième Soleil
Qu'elle n'a pris repos, ni viures, ni sommeil.

EXEMT.

Sa generosité certes est exemplaire,
Cette Vertu n'est pas à son sexe ordinaire,
L'homme le plus constant, ie croy, le seroit moins.

CAMILLE.

Il monte. En ce moment vont finir tous mes soins.

EXEMT.

[Estant monté en haut.]

I ij

Madame.....

CAMILLE.

Que veux-tu ?

EXEMT.

Vous tenir ma promesse.

CAMILLE.

Quelle ? d'un Ennemy toute douceur me blesse;
Tes actions ne m'ont promis que trahison.

EXEMT.

Et ma fidelité vous met hors de prison:
Vous donneriez vn nom plus doux à cet office....

CAMILLE.

Si tu n'auois esté d'elle mesme complice.

EXEMT.

Obeir fut mon crime, & de mesme obeir
Fait icy ma vertu.

CAMILLE.

Suspecte à me trahir.

EXEMT.

Il faut vous contenter ; que ce couroux s'appaise,
Et ie vous laisseray cette chambre à vostre aise.
Vous, sortez de ce lieu, descendez de ce pas,
[Il leue les Gardes de la Chambre.]

ALLEMANDE. 133

Rangez vous cette nuict tous ensemble là bas.
Esperez liberté dans peu de iours entiere.

CAMILLE.   [Parlant bas.]
I'espere icy de faire vn sanglant cymetiere.

EXEMT.
[En s'en allant.]
Madame, demandez tout ce qu'il vous faudra.

CAMILLE.   [Parlant bas.]
Vostre perte, Méchants, qui bientost auiendra.
         Or ça, voicy la nuict que i'ay tant desirée,
Employons la, mon cœur, elle est tost expirée,
De crainte de surprise & d'autres accidens,
Va prendre les papiers enfermez là dedans ;

[Elyse va prendre les escrits touchant le dessein auec Adraste.]

Il faut que maintenant ie les reduise en flame :
Mais ie n'ay point de feu ; quoy ? tu resves,
   mon Ame ;
Ie lés aualerois dans mon ventre plustost.

         ELYSE.   [Auec les Papiers.]
Madame, les voyla.

         CAMILLE.
               Fais moy venir tantost
                    I iij

De l'eau chaude, (& conduis sagement cette
 feinte;)
Tu leur diras là bas, de l'assitude attainte
Afin de mieux dormir que ie veux me lauer:
[Elyse y va.]

On verra les moyens qu'vn Dieu m'a fait treu-
 uer (frage,
Pour sauuer, mesme en l'eau, ces papiers du nau-
Puis qu'on m'oste le feu, mettons les à la nage;
Dans ce Poële échauffé ie ne puis seulement
Libre voir vn si doux & commun Element,
Ie le sents, i'en iouy, sans que ie le possede; (de:
Il faut que mon esprit cerche vn nouueau reme-

[Elle déchire par morceaux toutes les lettres & les
 escrits d'Adraste.]

Déchirons ces escrits, pour en faire vn monceau,
Puis vne pâte enfin, les détrempant dans l'eau;
L'inuention est seure autant comme nouuelle:
Ne les pourrois-ie pas brûler à la chandelle ?
Non, ces Gardes sans doute en auroient quel-
 que odeur,
Et ie craindrois du feu la fumée & l'ardeur;
Voicy l'eau déia preste.

ALLEMANDE.
ELYSE.
Elle est toute boüillante.
CAMILLE.
Fust-elle de ton sang ainsi chaude & cou'ante !
Tyran, pour le hacher que n'ay-ie icy ton cœur !
Que le mien doucement vangeroit sa langueur !
   Mais tandu qu'à cecy soigneuse ie trauaille,
Entre en mon Cabinet, léue de la muraille
Vn carreau qui n'y tient que de son propre poids ;
A costé de la porte à l'abord tu le vois.
ELYSE.
Pouray-ie le tirer ?   [Elle y va.]
CAMILLE.
            Trauaille sans te feindre.
[Elle détrempe les Papiers dans l'eau.]
Courage, nous n'aurons tantost plus rien à craindre ;
Ie voy tout mon mal-heur qui s'en va dans ce fonds :
Que de dangers affreux ! que de gouffres profonds
Dans ce petit vaisseau se perdent & s'abîment !
Mon desespoir se noye, & mes feux se r'animent :
Ie voy dessus cette eau ma constance nager,

I iiij

Et ma peur & mes soins iusqu'au fonds se plonger;
Ie paistry mon salut, ie prends un nouuel estre,
En voicy le leuain, ie commence à renaistre;
Là dedãs mes ennuis flottent dans un tombeau,
Et mes mains là dedans me font un cœur nouueau,
Sans fable ie fay plus que ne fit Promethée.
   Mais la clarté reuient, & l'Aurore apprestée
Déia fait atteller les cheuaux du Soleil,
L'ombre se passe en l'air, en terre le sommeil;
Ie finy mon trauail, & le sien recommence.

ELYSE.

Auecque peine enfin, toute chose s'auance;
Madame i'ay plus fait que vous ne croiriez pas.

CAMILLE.

Preuenons ces Argus qui nous veillent là bas.

ALLEMANDE.

SCENE VII.

EXEMT ET SES GARDES,
CAMILLE, ELYSE.

EXEMT.

ESt-il heure à dormir ? quoy ? le né dans la plume, *(fume;*
Encore vous ronflez ? peu de soin vous con-
Quel obstacle à sortir à qui l'eust entrepris ?

GARDE I.
Sur le iour ce sommeil a chargé mes esprits.

EXEMT.
Ainsi doncque du Prince & de moy l'on abuse ?

GARDE II.
Trois nuicts de ce combat vous disent nostre excuse.

EXEMT.
Vrayment sur vostre garde il fait bon s'asseurer:

Or sus, vuidez ce lieu, sortez sans murmurer,
Allez dedans vos licts acheuer la iournée ;
La volonté du Prince à cét effect tournée,
Ie viens vous décharger par ce commandement;
Allez.

GARDE III.
Ne faut-il pas vous suiure ?

EXEMT.
Nullement.

CAMILLE.
Qu'ils tempestent là bas ; ie suis hors de l'orage.

ELYSE.
Nous auons tout à temps acheué nostre ouurage:
Voicy l'Exemt, Madame; il monte seul à nous.

CAMILLE.
Ses Gardes sont leuez, cét orgueil deuient doux.

EXEMT.
Madame, tout à faict en liberté remise,
Ie vous offre la foy que ie vous ay promise,
Vous me voyez d'vn cœur tout prest à vous
　　seruir.

CAMILLE. (uir
Moy, d'vn autre à te perdre, & preste à te ra-

ALLEMANDE.

L'ame dedans ton sang, mortellement frappée,
S'il meritoit l'honneur de teindre cette espée;
Traistre, t'oses-tu bien deuant moy presenter?

EXEM. (tenter?
Que faut-il pour vous plaire & pour vous con-
Mourir; vous le deuez de courage, ou de honte,
Qu'une fille, ô Tyrans, auiourd'huy vous sur-
monte.

EXEMT. [S'en allant.]
Le temps adoucira, Madame, ce couroux.

CAMILLE.
Quand il m'aura vangée, & bien tost, de vous
tous.
Qu'ay-ie dit? il s'en va; m'auroit-il entenduë?
A peine suis-ie au port du naufrage renduë,
Et ie me iette encore vn coup au mesme vent;
La colere m'échappe, & me nuit trop souuent,
Ne sçaurois-ie souffrir encore vne iournée?
Doy-ie ainsi par mes mains troubler ma desti-
née?
Desarme toy, mon cœur, attends encore vn peu,
Par vn si foible éclair veux-tu perdre vn
grand feu?

SCENE VIII.

Plainte d'Aristandre dans son Cachot.

STANCES.

Le Ciel à la fin se declare,
Le Destin contre moy fait son dernier effort,
Ie vóy de tous costez l'appareil de ma mort,
    Et ma constance s'y prepare ;
Puisque rien ne me peut auiourd'huy secourir,
Que mes fers sont lassez de ma perseverance,
N'ayant dedans ces lieux vécu que d'esperance,
Si ie n'espere plus, ne doy-ie pas mourir ?

ALLEMANDE.

Camille est dedans les allarmes
Qu'un enuieux destin luy liure à mon suiét,
Et de tous les efforts d'un glorieux proiét,
Il ne luy reste que les larmes;
Pour la mienne elle perd sa propre liberté;
Les Dieux m'ont en horreur, ie n'ay plus rien qui m'ayde,
Mon mal est sans pareil, & seroit sans remede,
Hors le dernier qu'on treuue à perdre la clarté.

Ie ne puis viure de la sorte
Dans le honteux debris d'un dessein ruiné,
Et pour sortir enfin d'un mal-heur obstiné
Vn fer m'en ouurira la porte:
Ie n'ay déia que trop differé ce dessein;
Mais ie croy que la mort s'entend auec ma vie,
La cruelle qu'elle est resiste à mon enuie,
Ie la cerche par tout, & la porte en mon sein.

Châque moment fait que i'expire,
Et tant de morts pourtant ne me consument pas;
Ne sçaurois-ie treuuer, ô Dieux! un vray trépas,

D'un si veritable martyre?
Ie ne vy que par force, & ne meurs qu'en desir;
Le mal-heur à ce corps sert d'vne ame nouuelle;
Vn contraire Destin, qui me fuit, & m'ap-
pelle,
Me tient vif aux douleurs, & mort à tout
plaisir.

Amour, que faut-il que ie fasse?
Preste vn dard à la Mort, les tiens sont plus
puissans;
Vn fauorable coup fera dire à mes sens
Que c'est d'amour que ie trespasse:
Mais ce Dieu me refuse, & me dit tout ialoux
Qu'il ne veut pas en moy destruire son Empire,
Que Camille auiourd'huy se plaint que ie souspire;
Et me doit faire ailleurs mourir d'vn traict plus
doux.

Helas! ie me repay d'vn songe,
Puis-ie toucher ce bien iamais que du penser?
Amour en m'en priuant, pour me recompenser,
Donne des appas au mensonge:

ALLEMANDE.

Qui cachent un triomphe en ce sourd appareil,
Feront tantost rougir de honte le Soleil.
 De vray, ie pense voir déia mesme l'Aurore
Qui s'habille pompeuse à ce iour qu'elle honore;
La nuict, qui m'a conduict dans son obscurité,
En ma seule faueur appelle la clarté :
Voicy iuste en son poinct l'heure de l'entreprise;
Qu'attendrons-nous de plus ?

FELISMON.

  Menipe: Ah ! ie l'aduise;
Voyez-vous comme un Dieu l'amene à poinct
  nommé ?

ADRASTE.

Amy, nous t'attendions, est-on point allarmé ?

MENIPE.

Ie croy qu'ils sont touchez du bâton de Mercure;
Le trauail aux fossez depuis six heures dure,
Deux cents hommes dedans cette nuict l'ont rem-
  ply,
Rien ne les a troublez, l'ouurage est accomply;
Ie pense qu'on pouroit iusqu'au lict les surpren-
  dre.

K

LA GENEREVSE

ADRASTE. (dre;

Allons doncques, Amis, donnons sans plus atten-
Plustost que son éclair ce foudre doit passer;
Nous n'aurons pas dequoy seulement nous lasser.

MENIPE.

Pour renfort au dedans nous treuuerons Camille.

ADRASTE.

Aux armes, à l'assaut, qu'on échelle la Ville.

[Icy il se fait vn grand tintamarre de Trompettes & de Tambours, ils tournent derriere le Theatre du costé du Chasteau, & l'on n'en entend que le bruit.]

❦❦❦❦❦❦❦❦❦❦❦❦❦❦❦❦❦

CORYLEON.

[Tout en chemise.]

O Cieux! ie suis trahy, les voila triomphans;
Accourez, Cytoyens, hommes, femmes, enfans;
Allarme! ils sont dedans, le Palais est en proye,
Tout n'est que fer & feu, voicy la nuict de
    Troye: (main?
N'auray-ie aucun des miens qui me preste la
C'est icy, courez là: Dieux! ie me tuë en vain,
Ie voy de tous costez l'Ennemy qui se coule;
Allons cercher la mort dans le sang & la foule.

[Icy le bruit recommencera des Trompettes & des Tambours.]

ALLEMANDE.

SCENE II.

ARISTANDRE, CAMILLE.

ARISTANDRE.

[Estant deliuré & hors de Prison par Camille.]

Que i'adore ce cœur, Dieu de ma liberté;
Que ie baise ces yeux, dont la viue clarté
R'allume vn feu nouueau dans mon ame rauie;
Que i'accole ces bras, à qui ie doy la vie;
Beau sein, où sont nouris & viuent mes esprits,
Que ie meure sur toy, de trop d'amour épris;
Belle bouche, beau front au dessous de ces armes
Tu ris à mon desir, tu me perds & me char-
   mes;
Cette fureur accroist leur grace, & mon amour.

CAMILLE.

Cher Espoux, ie commence à viure par ce iour;

LA GENEREVSE

Ie ne sçay dans tes bras que ie ne meure d'aise.

FELISMON.

Il faut les separer, quoy que ie leur déplaise.
Monsieur, vous n'estes pas beaucoup en seureté,
Couurez vous du harnois que ie tiens appresté;
Icy vostre salut pend encore en balance;
Souuent vn peuple emeu s'arme de violence;
Mettez-vous en estat contre tous leurs efforts.

ARISTANDRE.

Ouy, pour moy l'on trauaille, & cependant ie dors :
Acheuons ce theatre, & l'exploict d'vne Dame;
Donne moy cét escu, donne moy cette lame.

CAMILLE.

Tu seras donc armé de ma main en ce lieu.

ARISTANDRE.

Dessus cette faueur i'attaquerois vn Dieu.
[Icy Camille aydé à armer Aristandre sur le Theatre.]

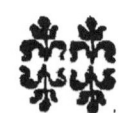

ALLEMANDE.

SCENE III.
CLORIANDE, ARISTANDRE.
CAMILLE, ADRASTE.

CLORIANDE.

[Seule, armée, & sur les murailles de la Ville.]

I'Ay couru tous les coins, ma peine est inutile,
Tout s'oppose à mes vœux; où serois-tu, Camille?
Ne la caches tu point, Amour? ne puis-ie pas
Armée à cét effect me rendre sur ses pas?
Me suis-ie donc en vain de ces armes couuerte?
Ne sçaurois-ie treuuer mon salut, ou ma perte?
Mon desespoir me lasse à force de courir.

ARISTANDRE.
[Estant en bas, & armé.]
Adraste, me voila prest à te secourir.

CLORIANDE. [Les ayant veus.]
Mais ne la voy-ie pas là bas, prés d'Aristandre?

LA GENEREVSE

Va, Cloriande, cours; elle semble t'attendre.
[Elle descend sur le Theatre par derriere la tapisserie, pour aller attaquer Cloriande.]

CAMILLE.

Le Chasteau pris, allons faire vn dernier effort.

CLORIANDE.

[La surprenant, elle luy tire vn coup de Pistolét.]
Arreste; en ta victoire est le coup de ta mort.
[Le Pistolét ayant manqué.]
Ma main trahit mon cœur; ah! le sort m'a trompée.

CAMILLE.

Et moy, ie ne la suis iamais de cette espée.
[Icy elles se battent : Camille, aprés quelque legere resistance luy porte vn dernier coup d'espée, qu'Aristandre rompt l'empêchant de porter.]

ARISTANDRE.

[Ayant reconnu Cloriande.]
Hola; ie vous le romps : Mon Cœur, que fai-sois-tu?
Ce coup eust à iamais offencé ta vertu;
[Puis leuant le casque à Cloriande.]
Quel desespoir, Madame, ainsi vous precipite?

CLORIANDE.

O Mort! en te cerchant faut-il que ie t'euite?

ALLEMANDE.

CAMILLE.
[Ayant reconnu Cloriande.]

Madame, vous toucher? dans ce coulpable sein
Plustost ie tournerois & mon fer, & ma main;
Viuez, de nostre sexe & l'honneur & la gloire.

CLORIANDE.
Dis donc que pour seruir de lustre à ta victoire;
Viure plus qu'on ne peut c'est mourir doublemẽt,
Tuez moy.....

ARISTANDRE.
C'est en vain.

CLORIANDE.
Ie mourray.

ARISTANDRE.
Nullement.
Conduis la, Felismon, & que l'on m'en ré-
ponde.
[Felismon l'emmene.]

✦✦✦✦✦✦✦✦✦✦✦✦✦✦

ADRASTE.
[Suiuy de ses Soldats.]

Ainsi dans un moment vont les choses du
Monde;

La Ville est sous ma main, déja tout est reduit.

ARISTANDRE.
[Le Saluant par surprise.]

Voicy de vos trauaux le miserable fruict ;
Embraſſons nous, mon Frere, & tu m'es plus encore,
Tu m'es vn autre Dieu, permets que ie t'adore.

ADRASTE.
Monsieur, si vous m'aymez, ne parlons point ainsi.

CAMILLE.

Viens doncque, cher Amy, que ie t'embraſſe auſſi ;
Ie te doy tout mon bien, entiere ie m'engage.

ADRASTE.
Mes armes n'ont rien fait que sous voſtre courage :
Mon Frere, aprés le Ciel, par elle vous viuez,
Elle vous a conquis deux fois, vous luy deuez
(Hors de vos paſſions) & l'honneur, & la vie ;
Viuez heureux Amants, sans trouble & sans enuie,
Iouïſſez du repos qu'on treuue dans le port.

ALLEMANDE

Mais premier il nous faut par un plus doux
  effort
Calmer l'orage, & rendre en faueur de Camille
Cette Ville à son Prince, & son Prince à la Ville;
L'ordre par tout remis, sans soupçon sans ter-
  reur
Nous yrons de ce coup aduertir l'Empereur;
Vn Soleil sortira plus beau de ces tenebres,
Coryleon a fait vos nopces plus celebres:
Allons rendre d'un coup deux Astres à la
  Cour.

ARISTANDRE.
Ne precipitons rien, i'espere que ce iour
Doit encore seruir à quelque autre merueille;
Sur un nouueau dessein mon esprit se réueille:
Entrons; quelques moments vous le feront sça-
  uoir.

CAMILLE.
Que tout change, aprés vous ie n'ay plus rien à
  voir.

LA GENEREVSE

SCENE IV.

CORYLEON.

[Enfermé dans vne Chambre.]

Astres iniurieux ! qui ne sçauez que nuire,
Qui ne faites nos iours qu'afin de les détruire,
Qui ne m'auez esté de tout temps qu'ennemis,
Voyez l'estat dernier enfin où ie suis mis;
Surpris, emprisonné dedans ma propre Ville,
Qui n'est plus au Vainqueur qu'vne masse seruile,
Esclaue d'vn Captif qui force ma Maison,
Mesme au milieu des miens ie me treuue en prison;
Cette place me nuit, qui deuoit me deffendre,
Et ie perds mon refuge où ie deuois le prendre;
Où mesme l'attendoit vn supplice dernier

ALLEMANDE.

Le Criminel triomphe, & m'y tient prisonnier :
O Dieux ! iniustes Dieux ! apres un tel outrage
Qui vous adoreroit n'auroit point de courage,
Humble vous inuoquer, apres m'auoir ietté
Dans ce gouffre honteux, ô quelle lâcheté !
Nous surcharger de maux, & foibles que nous
    sommes,
Qu'est-ce que réueiller l'impieté des hommes ?
Souffrez, Tyrans, souffrez nos sensibles clameurs,
Permettez moy les cris pour le moins quand ie
    meurs,
Que nostre violence à la vostre s'attache,
Que la douleur excuse un propos qu'elle arrache,
Ce que nous endurons, oyez-le seulement.
    La fureur où ie suis m'emporte tellement,
Que sans égard de lieu, de temps, ni de personne....
  [Il se fait du bruit dans vne autre Chambre à costé,
    où est enfermée Cloriande.]
En effect l'on m'escoute, un peu de bruit resonne,

SCENE V.

CLORIANDE, CORYLEON.

CLORIANDE.

[Enfermée dans vne Chambre prochaine.]

Que ie viue contrainte en cette extremité ?
Ne le crois pas, Amour, mon sort est limité ;
Quoy que la Parque fuye vn cœur qui la reclame,
Ce bras dedans mon sang doit éteindre ma flame ;
Méchante que ie suis, autre main ne peut pas
Ni d'vn plus iuste effort m'enuoyer au trepas :
Aristandre échappé, qu'est-il besoin de feindre :
Ie n'espere plus rien, & n'ay plus rien à craindre :
Sus, ma rage, acheuons ma vie & ma douleur ;
De mon sein la trop viue & coupable chaleur
Pour ce coup seulement doit paroistre innocente,

ALLEMANDE. 157

Animant mon couroux d'une force puissante;
Comme un feu m'a blessée, un feu me guerira.

CORYLEON.
[Tout étonné : la reconnoit en son desespoir.]

O Cieux! Mais écoutons où sa fureur ira;
C'est ma Sœur, ie l'entends, son desespoir explique
Sur un suiet caché la douleur qui la pique.

CLORIANDE.   [Continuant.]

Que tu me fais mourir, ô Mort, en t'attendant!
Ce supplice à mon crime enfin va répondant;
C'est trop peu d'une mort, à moy, qui l'ay donnée
Mille fois à ma Sœur, qu'on laisse abandon-
    née,
Et qui se plaint peut-estre au fonds d'une prison
Bien moins de ses tourments, que de ma trahi-
    son;
Innocente Princesse, helas! ie t'ay perduë,
Vn soupçon fut ton crime, une Sœur t'a venduë,
Ma seule confidence & ta facilité
Accorderent ta perte à ma subtilité,
Ma flame se couurit de l'ombre de la tienne.

CORYLEON.   (tienne;
Las! ie n'ay plus de force en moy qui me soû-

Mal-heureux, qu'ay-je fait ? vertueuse Beau-
 té,
Tu punis vn Tyran dedans sa cruauté.
CLORIANDE.
Et sans que l'Innocente eust de vices en elle,
Ma ialouse fureur la rendit criminelle :
Ainsi ie fay le mal, elle en a le tourment;
Et coupable ie vy sans autre châtiment ?
Non, mourons, ma raison me condamne & me
 iuge,
La mort est mon supplice, & sera mon refuge;
C'est par là que ie veux, Amour, te surmonter :
 Mais en ce cas, auant que de rien attenter,
De crainte que ma mort demeure infructueuse,
Ie te veux décharger, Princesse vertueuse;
Entends ce qu'vn bon sens me fait dire, & reçois
Ce criminel adueu, ma Sœur, où que tu sois.
 Et toy, que ie rendis ministre de ma rage,
Que tardes-tu, mon Frere, à punir cét outrage ?
N'est-il pas temps d'ouurir les yeux à ton mal-
 heur ?
Ma trahison n'a plus ni force ni couleur;
Voila ton Palais pris, & ta Ville forcée,

ALLEMANDE.

Ton pouuoir mis à bas, ta Grandeur renuersée;
A mon occasion tout cela s'est commis;
N'en cerche point la cause, ou d'autres ennemis,
C'est moy qui t'ay perdu, qui perdis Roseline,
Qui mis dans ta Maison la discorde maline,
Qui chassay de vos cœurs la paix, leur Element,
Qui volay son honneur, & ton contentement:
 Viens doncque me punir, auant que ie le fasse;
Mon repentir est grand, ma faute le surpasse;
Ie ne me puis souffrir, & ne vy, mon Germain,
Qu'en attendant la mort & le coup de ta main;
Prends ce qu'il faut de sang pour vne double in-
 iure.

CORYLEON.
[Parlant haut, & se faisant entendre d'elle.]

Criminelle, qui fais horreur à la Nature,
Ton sang est trop indigne, & ne suffiroit pas
Pour expier ta faute & la mienne en ce cas:
O Prince infortuné! ta perte en cet outrage
N'est que le moindre coup d'vn si cruel orage.

CLORIANDE.

C'est ton Ombre, mon Frere, il est vray, ie l'entends.

LA GENEREVSE

CORYLEON.

C'est ton bourreau plustost, qui te poursuit......

CLORIANDE.

Attends;
Si le meurtrier effort a donné sur ta vie,
Ta mort sera bien tost de la mienne suiuie;
Ouy, i'yray te cercher, & requerir mercy
Iusques parmy les morts, au Royaume noircy;
Donne moy le loisir d'inuenter vn supplice.

CORYLEON.

En est-il qui ne soit moindre que ta malice ?
Quel foudre assez mortel pourois-tu ressentir ?

CLORIANDE. [Le reconnoissant.]

Celuy de ta colere, & de mon repentir.

CORYLEON.

Ton repentir? Méchante; il ne vient que de crainte,
A toute extremité mal-heureuse & contrainte;
Ce propos genereux, comme ingrat & tardif,
Ne te sauuera pas, si l'on me laisse vif:
Ie n'admire iamais de vertus dans le crime ;
Le mal tire ce bien, mais trop tard, & i'estime
Qu'vne vertu qui vient d'vne noire action

Adoucit

ALLEMANDE.

Adoucit le peché, non la punition.
CLORIANDE.
Las! ie confesse l'vn, & ie n'attends que l'au-
 tre;
Cette libre action du moins est toute nostre;
Mon Frere, n'ostez rien à mon iuste remords,
Qui me vend cette gloire au prix de mille morts;
On peut viure coupable, & mourir vertueu-
 se.
CORYLEON.
Telle gloire tousiours seroit defectueuse.
CLORIANDE.
Mon courage n'auroit de deffaut qu'en vn
 poinct......
CORYLEON.
Qu'il a perdu ma Femme, & ne la rendroit
 point.
CLORIANDE.
Las!
CORYLEON.
Helas!
CLORIANDE.
Mal-heureuse!

L

LA GENEREVSE

CORYLEON.

    Innocente Princesse!
Que ie punis à tort, & qui dans ta tristesse
Auras treuué la mort moins cruelle que moy,
Pardonne, Roseline......
  [Roseline paroist au bout du Theatre.]
    Ah! bon Dieu! ie la voy;
Doy-ie croire à mes yeux? songé-ie, ou si ie
  veille?

CLORIANDE.

Pouuez-vous conceuoir, mes sens, telle mer-
  ueille?

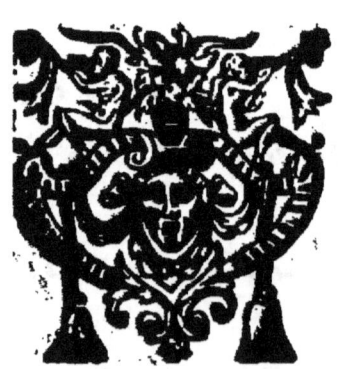

ALLEMANDE. 163

SCENE VI.

CAMILLE, ROSELINE,
ARISTANDRE, CORYLEON.
CLORIANDE.

[Ils passent sur le Theatre, & vont du derriere, pour entrer dans la Prison où est Coryleon.]

CAMILLE.

[Menant Roseline d'vne main, & Aristandre de l'autre.]

Allons, *Madame, allons rendre la liberté,*
Et le iour à celuy qui vous l'auoit osté.
ROSELINE
Le Ciel reconnoistra pour nous deux cét office.
CORYLEON.
[Parlant bas, & les voyant.]
A ce comte il nous est également propice.

L ij

LA GENEREVSE

ARISTANDRE.

C'est ce qu'auecque nous il doit à vos vertus.

CORYLEON.

Esperons, desormais les vents sont abbatus......

CLORIANDE.

Puis que ce beau Soleil aprés tant de tempes-
tes
Pour vn presage heureux vient luire sur nos
testes.

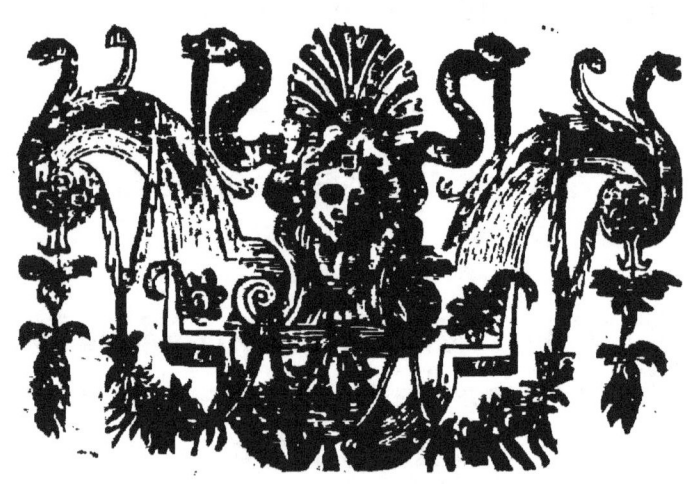

ALLEMANDE.

SCENE VII.

ADRASTE, FELISMON, CLORIANDE.

ADRASTE.

TV n'as fait que ietter de l'huile dans mes feux ;
Tous ces mots auancez me font autant de nœuds
Qui déia sans la voir m'attachent à ses charmes;
Comme tu les décrits, ses regrets & ses larmes
Sont des suiets d'amour pluftost que de pitié.

FELISMON.

Ie ne vous en ay pas racomté la moitié ;
Ses yeux......

ADRASTE.

Comme diuins, par vn trait inuisible
Sont entrez dans vn cœur autrefois insensible:
Quelle vangeance, Amour, est celle que tu prends?

L. iij

Retire tant de traits ; c'est assez, ie me rends ; (me
Tousiours pour me punir ordonnes-tu que i'ay-
Des Obiets inconnus ?

FELISMON.
C'est celuy d'Amour mesme.

ADRASTE.
Ne tente plus mon ame auecque ce discours,
Mais conduis moy plustost au lieu de mes
  amours ;
Voyons......

FELISMON.
Vous la verrez dans ses larmes profondes
Comme un Soleil couché reluire sous les ondes.

ADRASTE.
Parmy l'ombre & dans l'eau ses yeux portent
  mes fers;
Et ie l'adorerois mesme dans les Enfers.

✿✿✿✿✿✿✿✿✿✿✿✿✿✿✿✿✿

CLORIANDE.
[Parlant bas, & l'ayant escouté.]
Que ne sont-ils ouuerts aussi bien à ma plainte,
Comme cette prison s'en est treuuée attainte !

ALLEMANDE.

ADRASTE.
[Tirant Cloriande de la Chambre.]

Sortez, venez au iour, Madame, & reprenez
La lumiere de luy, qu'aprés vous luy donnez.

CLORIANDE.
Que demande le sort ? que veut-il de ma vie ?

ADRASTE.
Que vous ayez pitié de la mienne asseruie,
Qui ne prend plus de loy que de vostre beauté ;
Qu'en vous rendant, Madame, icy la liberté,
Pour faueur vous souffriez que ie perde la
  mienne.

CLORIANDE.
Faut-il, mon bien perdu, que ie m'en ressouuien-
  ne ?
Aristandre, (ah ! ce nom augmente mon soucy,)
Auoit cette façon, parloit, marchoit ainsi.

ADRASTE.
Mais il ne vous ayma iamais de telle sorte.

CLORIANDE. [Parlant bas.]
Voila de tout mes maux d'vn coup r'ouurir la
  porte :

L. iiij

Monsieur, ne parlez point ni de luy, ni pour vous;
Il fut traistre, & ie croy les hommes l'estre tous.
ADRASTE.
Que vous connoissez mal......
CLORIANDE.
Le cœur de ces Volages,
Qui n'ont dissimulez que feinte & que langages.
ADRASTE.
Las! combien ce Rocher me prepare d'écueils!
CLORIANDE.
C'est demander en vain de l'amour aux cercueils,
Attiser vn feu mort, & souffler vne cendre
Qui n'en sçauroit donner & qui n'en sçauroit prendre:
Allons, Monsieur, allons me dresser vn Tombeau.
ADRASTE.
Amour m'en dresse en vous vn autre bien plus beau;
Madame, conseruez celuy qui vous deliure,
Ne donnez point la mort à qui vous fait reuiure.

ALLEMANDE. 169

CLORIANDE.
Vous m'asseurez la vie, & c'est ce que ie fuy.
ADRASTE.
Voicy le Prince.
[Icy Coryleon paroist.]
CLORIANDE.
O Ciel! osé-ie deuant luy
Paroistre viue encore & criminelle ensemble?
Que feray-ie à la voix, si du regard ie trem-
ble?

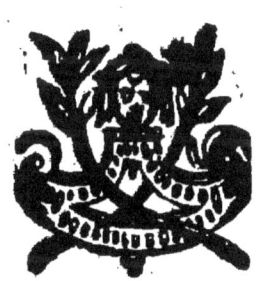

SCENE VIII.

ROSELINE, CORYLEON, CLORIANDE, ARISTANDRE, ADRASTE, CAMILLE.

ROSELINE.

[Menant par la main le Duc son Mary, qu'elle a tiré de Prison, & suiuie d'Aristandre & de Camille.]

Vous voyez, Monseigneur, comme tout est changé,
Que le Ciel à mes vœux pitoyable rangé
Couronne ma prison de gloire en mon martyre;
Par vous i'y fus à tort, & ie vous en retire:
Ainsi veut le destin......

CORYLEON.

Que la mort que i'attends
Recule à mes desirs, pour mourir plus long temps.

ALLEMANDE.
ROSELINE.

Ie voy bien que la hayne en voſtre cœur emprainte
Luy fait à mon obiet ſouffrir de la contrainte ;
[Elle ſe met à genoux.]
Adiouteʒ fers & feux à mes tourments paſſez,
Sur l'heure tueʒ moy, ſi ce n'eſt pas aſſez ;
Quand ie n'aurois failly qu'au point de vous déplaire,
Ie merite la mort.

CORYLEON.
     O conſtance exemplaire !

ROSELINE.
Pardonneʒ ſeulement à mon mal-heur caché
Qui n'a pû fuïr l'ombre, ainſi que le peché.

CORYLEON.
Ta vertu s'eſt fait iour dedans les lieux plus ſombres,
Ce Soleil ne fait plus & ne reçoit plus d'ombres,
Le menſonge connu cede à la verité :
Pardonne maintenant à ma ſeuerité ;
Où, s'il faut qu'un trépas te vange de l'iniure......

CLORIANDE.

[Se presentant, & se iettant aux genoux du Prince.]

Voicy qui vous fit l'vne, & l'autre ie l'endure ;
Ouy, ie souffre à vous voir, bien plus que mille morts ;
Mais c'est peu de l'esprit, vangez vous sur le corps.

ROSELINE.

Ma Sœur, qu'ay-ie entendu? que voy-ie?

CLORIANDE.

       Vne meurtriere,
Qui pour vous perdre a mis tout deuoir en arriere,
Vne, que le Soleil ne voit plus qu'en horreur,
Dont le crime à l'Enfer donne de la terreur ;
De qui le sang honteux ne seroit pas capable....

CORYLEON.

Méchante, de lauer ni ton ame coupable,
Ni ma colere aussi, d'vn reproche eternel
Qui blessera tousiours mon esprit criminel ;
La mort te punira, sans me purger du crime.

ARISTANDRE.

I'appelle de l'Arrest, il n'est pas legitime.

ALLEMANDE.

CLORIANDE.

Voudriez-vous m'empécher encore de mourir,
Cruel, qui m'auez fait à ce poinct recourir?

CORYLEON.

Non non, n'en cerche point, tu n'as autre com-
plice
Du desordre aduenu que ta seule malice;
Ta mort nous répondra de tout en vn moment.

ADRASTE.

[S'interposant pour la deffence de sa Maistresse.]
Ouy, si ie ne l'empéche, & vostre mouuement:

[Il la releue de genoux.]

Prince, vous ne pouuez disposer pour cette heure
D'vne qui sous ma main prisonniere demeure,
Icy vostre rigueur n'a force ni raison;
Voulez-vous de nouueau troubler vostre Mai-
son?
Aprés tant d'accidents d'vne si longue histoire
Fuirez-vous vn repos qui tourne à vostre gloi-
re?
Le Ciel qui s'est changé, vous doit changer aussi,
Comme luy, vous deuez vous appaiser icy:
J'appelle dessus moy l'éclat de son tonnerre,

LA GENEREVSE

Si i'ay rien entrepris d'une si courte guerre,
Que la reunion de deux cœurs amoureux,
De qui l'un retenu sous des fers rigoureux
Souspiroit en prison sa liberté rauie,
Qu'iniustement par vous l'on auoit poursuiuie;
Dedans cette fureur, où le soldat instruit
A gagné cette Ville, & n'en tire autre fruict,
De cette feinte perte un destin vous redonne
Ce thresor qui vaut mieux qu'vne double Cou-
   ronne;
Pure, & plus belle aussi qu'elle ne fut iamais,
L'innocente Princesse apporte icy la paix: (lasse
   Que demandez-vous plus au destin qui se
Quand le desir humain le presse à trop de grace?
En ce don qu'il vous fait, & d'vn si rare prix,
N'auez-vous pas dequoy contenter vos esprits?
Que dans vn bien si grand tout le mal-heur se
   noye;
Et donnez vostre Sœur à la commune ioye,
Qu'il ne soit plus parlé de faute ni de pleurs,
Que le plaisir commence, & cessent les douleurs.

ARISTANDRE.

Vous le deuez, mon Prince.

ALLEMANDE.

CAMILLE.

    Et sous telle promesse
Ie remets en vos mains la Ville, & la Princesse.
[Elle luy presente les clefs de la Ville, & la Duchesse.]

CORYLEON.

Voudrois-ie resister à de si doux efforts ?
Courir apres une ombre, & refuser le corps ?
Retenir les ennuis, & reietter la ioye ?

ARISTANDRE.

Voicy l'autheur du bien que le Ciel nous enuoye:
Menipe, auancez-vous.

[Menipe arriué.]

CAMILLE.

    Que ie t'embrasse, Amy.

ARISTANDRE.

Sans toy ie ne goustois nos plaisirs qu'à demy.
[Il presente au Duc Menipe serieux.]
Prince, voila ce Fou, de qui l'esprit sublime
Ioignit à la sagesse vne ardeur magnanime,
Dont la fidelité vous trompe heureusement.

MENIPE.

Grand Prince, ma folie eut son commencement
Et finit maintenant auecque vostre rage ;

N'estes-vous plus cruel ? ie suis prest d'estre sage.
CORYLEON.
Dieux ! que nous découurons de merueille auiourd'huy !
CAMILLE.
Le Ciel visiblement a trauaillé par luy.
CORYLEON.
Cét Amy si parfaict meriteroit vn Temple.
ADRASTE.
Et pour en meriter, soyons-le à son exemple.
CORYLEON.
Ie le veux, ie l'accorde, & tiens vostre amitié
Aprés ce coup fatal plus chere de moitié ;
Tels Amis ie les prise au delà des Empires.
   Quelque Dieu que tu sois qui maintenant m'inspires,
Rends heureux le dessein qu'incertain i'entreprends :
Vous deliurez ma Sœur, & moy ie vous la rends ;
   [Il presente à Adraste sa Sœur en mariage.]
Adraste, possedez ce prix d'vne conqueste
Qui nous fait rencontrer le Ciel dans la tempeste.
                              Cloriande,

ALLEMANDE.

Cloriande, par là i'étouffe le passé.
ADRASTE.
Ah ! que doy-ie à celuy que ie tiens embrassé ?
CORYLEON.
Pareille affection......
ADRASTE.
                Plus que la vie encore.
CLORIANDE.
O ! que le iour est beau d'vne si triste Aurore !
CORYLEON.   (main
Preparez-vous, ma Sœur, à prendre dans de-
Vn Mary que le Ciel vous donne par ma main.
CLORIANDE.
Donc il change pour moy son tonnerre en rosée !
ADRASTE.   [La baisant.]
Et d'vn Enfer, Madame, il fait mon Elysée.
CAMILLE.   (mis
Dieux ! par tant d'accidents nous auiez-vous re-
Iusqu'icy ce bon-heur qui nous rend tous Amys ?
ARISTANDRE.
Vous seule auez produit toute cette merueille.
CORYLEON.
C'est la force d'Amour, qui n'a point de pareille.

                M

ROSELINE.

Quel plaisir auiourd'huy couronne mes tour- (ments!

CORYLEON.

Or sus, chacun s'appreste; allõs, heureux Amants,
Rendre graces au Temple à celuy qui preside
A ce destin caché qui peut tout, & qu'il guide;
Allons rendre la ioye & l'honneur à ma Cour.

ARISTANDRE.

Allons y celebrer ce Triomphe d'Amour.

FIN
DE LA GENEREVSE
ALLEMANDE.

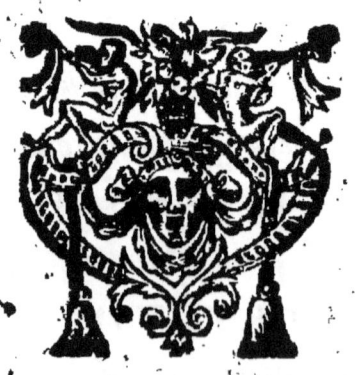

[illegible manuscript]

www.ingramcontent.com/pod-product-compliance
Lightning Source LLC
Chambersburg PA
CBHW050211230526
45470CB00001B/329

La généreuse Allemande, ou le triomphe d'amour, tragi-comédie, mise en 2 journées, par le sieur Mareschal, où, sous noms empruntés, et parmi d'agréables et diverses feintes, est représentée l'histoire de feu M. et Mme de Cirey. Seconde journée

http://gallica.bnf.fr/ark:/12148/bpt6k6363209x

Ce livre est la reproduction fidèle d'une œuvre publiée avant 1920 et fait partie d'une collection de livres réimprimés à la demande éditée par Hachette Livre, dans le cadre d'un partenariat avec la Bibliothèque nationale de France, offrant l'opportunité d'accéder à des ouvrages anciens et souvent rares issus des fonds patrimoniaux de la BnF.

Les œuvres faisant partie de cette collection ont été numérisées par la BnF et sont présentes sur Gallica, sa bibliothèque numérique.

En entreprenant de redonner vie à ces ouvrages au travers d'une collection de livres réimprimés à la demande, nous leur donnons la possibilité de rencontrer un public élargi et participons à la transmission de connaissances et de savoirs parfois difficilement accessibles.

Nous avons cherché à concilier la reproduction fidèle d'un livre ancien à partir de sa version numérisée avec le souci d'un confort de lecture optimal.

Nous espérons que les ouvrages de cette nouvelle collection vous apporteront entière satisfaction.

Pour plus d'informations, rendez-vous sur www.hachettebnf.fr

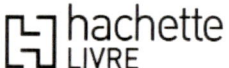 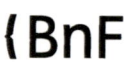 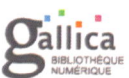